CORINNA KOHRÖDE-WARNKEN

Sterben kann man nicht üben

CORINNA KOHRÖDE-WARNKEN

Sterben kann man nicht üben

Geschichten am Ende des Lebens

neukirchener

Alle hier erzählten Begegnungen sind real. Es sind die echten Geschichten wirklicher Menschen. Um jedoch ihre Persönlichkeitsrechte zu schützen, wurden Personen, Namen, Geschlechter, Diagnosen, Zugehörige und persönlichen Bezüge umfänglich verändert, sofern welche genannt werden. Einige Geschichten wurden aus mehreren Einzelgeschichten zusammengefügt. Ähnlichkeiten mit lebenden oder verstorbenen Personen wären rein zufällig.

MIX
Papier aus verantwortungsvollen Quellen
FSC® C014138
FSC www.fsc.org

Bibliografische Information der Deutschen Nationalbibliothek:
Die Deutsche Nationalbibliothek verzeichnet diese Publikation in der Deutschen Nationalbibliografie; detaillierte bibliografische Daten sind im Internet über http://dnb.d-nb.de abrufbar.

Gesamtgestaltung und DTP: dtp studio eckart | Jörg Eckart, Frankfurt am Main
Umschlaggestaltung: Miriam Gamper-Brühl, Essen, www.3kreativ.de, unter Verwendung eines Bildes © Roman Samborskyi (shutterstock.com)
Lektorat: Hauke Burgarth, Pohlheim
Verwendete Schriften: ScalaPro, Head Turn
Gesamtherstellung: Finidr, s.r.o., Český Těšín
Printed in Czech Republic
ISBN 978-3-7615-7017-3 (Buch)
ISBN 978-3-7615-7018-0 (E-Book)

www.neukirchener-verlage.de

Inhalt

Grußwort

Das Sterben ganz verschiedener Menschen wird durch die „Schreibgeschichten", in denen Corinna Kohröde-Warnken von ihrer Arbeit im Hospiz erzählt, anschaulich, geradezu alltäglich, konkret und so nahe, als wären wir direkt dabei oder zumindest nebenan.

Wie das zustande kommt? Die Autorin beschreibt und erzählt ohne Wertung und ohne Tabus. Menschen, die dem Tod schon sehr nahe sind, werden liebevoll in ihrer jeweiligen Situation und in den entstandenen Begegnungen vorgestellt. Anlass und Einstieg bildet das gemeinsame Vorhaben: im Angesicht des Todes etwas zu Papier zu bringen, das (noch) wichtig ist. Corinna Kohröde-Warnken stellt den schwerkranken Menschen zur Verfügung, was sie selbst kann und ihnen auch in der letzten Lebenszeit zutraut: Schreiben als das Erstellen einer Wirklichkeit, die mit uns selbst zu tun hat und die wir gleichzeitig anderen zeigen, nach außen bringen und zukommen lassen. Das können Erzählungen, eigene Geschichte(n), Träume und Wünsche sein, das sind auch Briefe an Angehörige, Freunde, die Nachbarin. Wenn die Kraft nicht mehr zur eigenen Handschrift oder zur treffenden Formulierung ausreicht, werden die Schreibenden zu Diktierenden. Sie erleben, dass sie in vielfacher Hinsicht kreativ sind, in Worten, beim Verfassen eines Briefes, beim Festhalten wichtiger Erinnerungen und Aussagen.

Was hat dieses Schreiben mit dem Sterben zu tun? Zum einen werden durch die Einladung dazu Zeit und Raum gegeben für etwas, das sonst möglicherweise untergeht. Was noch gesagt und festgehalten werden soll, keinesfalls verloren gehen darf, wird ernst genommen und bekommt seinen Platz. Zum anderen bewirkt das Nachdenken darüber, was noch zu sagen ist, dass die eigene Endlichkeit wahrgenommen und für wahr gehalten wird. Angesichts des fühlbar nahen Endes bekommen Dinge und Beziehungen einen neuen Stellenwert. Was noch aufgeschrieben werden soll, ist der Rede wert, wird als Brief abgeschickt oder als Erinnerung festgehalten.

Das Buch ist eine sanfte Einladung, bei dem kreativen Schaffen von Menschen am Lebensende Anteil zu haben, und gleichzeitig immer die Frage mitzubedenken, was mir selbst am Ende und auch schon jetzt so bedeutungsvoll ist, dass es gesagt und geschrieben werden muss. So gesehen ist es eine Hilfe, das Gehen aus diesem Leben einzuüben.

Ich wünsche diesem Buch eine weite Verbreitung, es hat sie sehr verdient.

Barbara Städtler-Mach

Professorin für Ethik im Gesundheitswesen, Nürnberg

Vorwort

Es wäre vermessen zu behaupten: „Ich kenne den Tod.“ Wer könnte das schon von sich sagen? Begegnet bin ich ihm allerdings schon oft: als Intensivkrankenschwester, in der Notfallseelsorge, in einer Seniorenpflegeeinrichtung, in der Familie und auch ganz persönlich. Im Hospiz ist er allgegenwärtig und dennoch findet das Leben dort seinen prominenten Platz.

Ich mochte schon immer Biografien, und meine Bücherregale sind voll davon. Im Hospiz sitze ich quasi „an der Quelle“. Jede Gäst:in bringt die eigene mit, und im Rahmen dessen, was ich dort tue, darf ich sehr oft und schnell tiefen Einblick in diese Biografien, das Erlebte und die Familiengeschichten nehmen. Ich darf mit auf die Reise durch das Leben gehen, das am Ende fast zwangsläufig seine Reflexion findet. Das ist mir Anspruch und Aufforderung zugleich und immer ein Geschenk.

Die Geschichten in diesem Buch stehen stellvertretend für die vielen, vielen anderen Begegnungen, die ich im Hospiz jede Woche – meistens montags – erleben darf. Dass ich Teil des Ganzen bin, erfüllt mich mit Demut und Freude und beschenkt mich reich!

Eine Besonderheit ist es auch, Teil des Teams zu sein, das aus den Leitungskräften besteht, den wunderbaren Pflegefachkräften, den kreativen, immer freundlichen und hilfsbereiten Hauswirtschafts- und Reinigungskräften und natürlich meinen ehrenamtlichen Kolleg:innen, die mit mir auf ganz unterschiedliche Weise und mit ganz besonderen Talenten und Ideen Tag für Tag „da sind".

Ich bin bisher noch nie mit zur Beerdigung einer Gäst:in gewesen. Nicht weil ich nicht eingeladen gewesen wäre oder das nicht aushalten würde, sondern weil ich im Hospiz manchmal über eine sehr lange Zeit Abschied nehmen konnte. Das empfinde ich als Privileg. Wenn möglich, verabschiede ich mich direkt am Totenbett.

Es mag seltsam anmuten, wenn ich oft vom „Lachen" schreibe. Tatsächlich wird sehr oft im Hospiz gelacht. Vielleicht ist man sensibler für die Dinge, Begebenheiten und Situationen, die einen zum Lachen bringen. Manchmal ist es albern, manchmal fröhlich oder Situationskomik und manchmal auch gezwungen ..., aber das ist egal. Lachen befreit, und deshalb geschieht es hier im Hospiz häufiger, als man denkt.

Natürlich wird auch geweint, gehadert und getobt – alle Gefühle sind hier erlaubt, haben ihre Berechtigung und werden so akzeptiert, wie sie in Erscheinung treten.

Die Geschichten, die ich hier erzähle, beinhalten keinerlei Wertung, sondern lediglich mein ganz persönliches Erleben in den Begegnungen mit den vielen Gäst:innen, die beiderseitig von Respekt und Würde geprägt waren und mir immer ein Geschenk waren. Wenn ich montags an die Zimmertüren klopfe, weiß ich nie, was mich erwartet. Manchmal schlafen die Gäst:innen. Dann wecke ich sie nicht. Niemals! Es sei denn, ich bin ausdrücklich verabredet. Manche meiner Besuche dauen nur wenige Minuten, manche ein bis zwei Stunden. Die Geschichten, die ich hier erzähle, handeln ausschließlich von der Begleitung der Gäst:innen. Einige Male habe ich auch Angehörige (mit) betreut. Das ist natürlich etwas völlig anderes und ergibt sich oft ganz nebenbei. Es gibt in den allermeisten Regionen mittlerweile ein fast flächendeckendes Hospiz- und Palliativnetzwerk. Dazu gehören oft auch Angehörigen- oder Trauergruppen (nicht nur für Erwachsenenhospize, sondern auch für Kinder- und Jugendhospize). Manchmal nehmen Hinterbliebene dieses Angebot in Anspruch, andere haben einen großen Familien- und Freundeskreis, und auch das Hospiz ist Anlaufstelle für die Trauer. Regelmäßig gibt es Erinnerungsgottesdienste. Trauerbegleitung findet immer statt, wenn es nötig ist. Manche Angehörige kommen auch nach dem Tod ihrer Liebsten vorbei, bringen Kuchen, kommen zum Sommerfest und plaudern ein bisschen mit den vertrauten Mitarbeitenden.

Seit fast drei Jahren bin ich Teil des Teams im Hospiz „Zum Guten Hirten“ in Rotenburg an der Wümme. Ich lade Sie ein, mich hierhin zu begleiten zu unseren Gäst:innen und ihren Geschichten.

Willkommen im Hospiz

Ob die Frauen und Männer, Töchter, Söhne, Mütter, Schwiegermütter, Väter und Schwiegerväter freundlich, ehrlich, verantwortungsvoll oder „schwierig" waren, spielt keine Rolle für die Menschen, die im Hospiz haupt- oder ehrenamtlich arbeiten. Das „Jetzt" ist hier der Taktgeber. In der Nähe des Todes ist vieles anders, aber oft zum Glück ganz alltäglich.

Jedes Mal, wenn ich das Hospiz betrete, ist es wie der Beginn einer Reise. Alles ist möglich. Sonne, Regen, Blitz und Donner – Sandstrand, Bergpanorama oder Großstadtgetümmel. Hier findet unglaublich viel Leben statt – auch wenn das nicht zwingend der erste Gedanke bei dem Wort „Hospiz" ist ... und natürlich wird hier auch gestorben.

„Der Gute Hirte" wurde im Sommer 2021 mit neun Gästezimmern in Betrieb genommen – mitten in der Pandemie. Die Zimmer sind alle in unterschiedlichen Farben gestrichen und haben passende lange Gardinen vor den doppelten bodentiefen Fenstern und Türen, die auf eine separate Terrasse führen. Die Gäst:innen dürfen eigene Bilder, Bettwäsche, Möbel und Deko mitbringen. Manche Zimmer sind kaum wiederzuerkennen – manchmal ist es etwas voll, denn einige haben zusätzlich noch Hilfsmittel wie ihren Rollstuhl, Infusionsständer, Sauerstoffgeräte, Rollatoren oder Ähnliches dabei, aber das ist egal, denn die Gäst:innen haben das Recht, ihr letztes Umfeld so zu gestalten, dass sie sich wohlfühlen.

> *„Ein Reisender kommt in ein Kloster. Dort hat er ein Zimmer gebucht. Es ist leer, keine Möbel sind darin. Der Reisende fragt, warum das so ist. Der Mönch fragt ihn im Gegenzug, warum er keine Möbel mitgebracht hat. Darauf sagt der Mann, dass er ja nur auf der Durchreise sei. Der Mönch lächelt und erwidert: „So wie wir …“*

Das Credo des Hospizes ist es: „Niemand muss alleine sterben.“ Das wird umgesetzt, wenn die Gäst:innen es wünschen. Sehr oft sind Angehörige oder andere Zugehörige da. Sie dürfen über Nacht bleiben. Dann wird auf Wunsch ein weiteres Bett ins Zimmer gestellt oder es gibt ein separates Gästezimmer, das genutzt werden kann. Wenn das nicht gewünscht oder möglich ist, sind die Pflegefachkräfte da oder Ehrenamtliche, die auch in der Nacht dafür sorgen, dass Sterbende sich nicht alleingelassen fühlen. Wenn jemand verstorben ist, wird ein türkisfarbenes Herz an die Zimmertür gehängt und eine Erinnerungskerze im Eingangsbereich entzündet. Diese brennt so lange, bis der Verstorbene das Hospiz durch die Eingangstür für immer verlassen hat. Dort liegt auch ein Buch, in dem an die Verstorbenen erinnert wird. Angehörige und Freunde können dort einen letzten Gruß hinterlassen. Dieses Buch wird genutzt, um bei den Dienstbesprechungen für uns Ehrenamtliche (im Vier-Wochen-Rhythmus) an die Verstorbenen zu erinnern, eine Kerze zu entzünden und zu erzählen, was für Begegnungen man mit ihnen hatte. Es ist ein Ritual, das allen hilft, Abschied zu nehmen und weiterzumachen. Einmal im Jahr gibt es im „Guten Hirten“ der einen Erinnerungsgottesdienst gleichnamigen Kirche, zu dem alle Angehörigen der Verstorbenen eingeladen werden. Nicht alle Eingeladenen kommen. Es werden alle Namen von den in diesem Jahr Verstorbenen mit Todesdatum verlesen und ein individuell bemalter Stein an den Kerzen niedergelegt. Die Zugehörigen dürfen ihn später mit nach Hause nehmen. Es ist ein sehr wichtiges Ritual – nicht nur für Verwandte und Freund:innen, sondern auch für alle Mitarbeitenden und Ehrenamtlichen.

Wenn ein:e Gäst:in verstorben ist, kann auf Wunsch eine Aussegnung durch ein:e Seelsorger:in stattfinden. Die Verstorbenen dürfen bis zu 36 Stunden im Hospiz verbleiben, bevor sie vom Bestatter abgeholt werden. Auch dafür gibt es wichtige Rituale. Die Verstorbenen werden schön angezogen – häufig haben sich die Gäst:innen extra ein Outfit dafür ausgesucht. Rosenblätter werden auf die Bettdecke gestreut, und es brennt eine Kerze am Bett. Kuscheltiere, Kissen oder andere wichtige Gegenstände werden den Verstorbenen beigelegt. Wer möchte, kann sich verabschieden. Wenn der Bestatter kommt, wird die oder der Verstorbene durch dieselbe Tür aus dem Hospiz gebracht, durch die sie oder er hereingekommen ist, und eine kleine „Prozession“ folgt dem Sarg, bis der Leichenwagen den Vorhof verlassen hat. Hier schließt sich dann der (Lebens-)Kreis ...

Zu Beginn der Arbeit musste sich ein komplett neues Team finden, und es roch in den ersten Wochen noch ein bisschen nach Farbe. Das ist nach über drei Jahren natürlich nicht mehr der Fall. Viele denken, es riecht dort nach Tod (wie riecht der denn?). Das stimmt aber ganz und gar nicht, denn eigentlich riecht es dort immer nach Kuchen – den die fleißigen Hauswirtschafter:innen oder FSJler:innen zaubern, denn immer kocht, backt oder brutzelt dort jemand unermüdlich die leckersten Gerichte, Waffeln, Kuchen, Spiegeleier, Milchreis und alles, was die Gäst:innen sich wünschen. Das gemütliche, sehr helle Wohnzimmer mit der offenen Küche ist quasi der „Marktplatz" des Hospizes. Ein riesiger wunderschöner Holztisch mit eleganter Maserung steht für alle möglichen Aktivitäten bereit. An ihm wird gegessen, gefeiert, gebastelt, geredet, geweint und gelacht. Dort trifft man fast immer irgendjemanden. Meistens sind es absichtslose Gespräche – wie in einem Café, in dem man mit der Person vom Nachbartisch zufällig ins Gespräch kommt. Eines aber eint die Menschen, die hier am Tisch sitzen: Sie beschäftigen sich – jeder auf seine Weise – mit dem Tod.

Ich habe dort ebenfalls schon viel Zeit verbracht. Nicht immer sind meine Besuche im Zimmer der Gäst:innen. Das Wohnzimmer ist das Zentrum – für mich das Herzstück des Hospizes. Vor dort hat man durch die riesige Fensterfront, die auf die großzügige Terrasse führt, einen herrlichen Blick auf die niedersächsischen Wiesen und Wälder. Die Gästezimmer haben ebenfalls jeweils eine eigene Terrasse mit einem Tisch und mehreren Stühlen. Insgesamt sind alle Räume sehr liebevoll und mit schönen Farben gestaltet. Am Ende des Ganges gibt es einen „Raum der Stille", der bewusst neutral gehalten ist, da sich dort Menschen aller Konfessionen zurückziehen können. Er ist in einem warmen Orange gehalten, und es steht ein kleiner, runder, ebenfalls sehr schöner Holztisch darin und zwei gemütliche Drehsessel. Die ehrenamtliche „Blumenfee" stellt jede Woche ein neues, von ihr kreiertes Blumenkunstwerk auf den Tisch. Es gibt also viele Orte der Begegnung, aber auch Räume für den Rückzug und die Stille.

Viele Ehrenamtliche sind im Hospiz tätig. Jede:r mit eigenen Fähigkeiten und Talenten. Eine tolle Gemeinschaft, die von den Pflegefachkräften und den Leitungskräften informiert und unterstützt werden. Supervisionen und Fortbildungen werden regelmäßig angeboten und immer ist das Pflege- und Leitungsteam für uns Ehrenamtliche ansprechbar. Ich fühle mich dort willkommen und zugehörig.

Schreib(T)Räume – Wie das Projekt entstand

Seit ich denken kann, schreibe ich Tagebuch. Ich hatte zuerst ein kleines, grünes Büchlein, das man abschließen konnte. Ich habe es bis heute. Später schrieb ich viele tagebuchähnliche Briefe, und noch etwas später wurden Briefe an Gott und ein Buch daraus („Mein pinkfarbenes Leben mit Gott und Krebs").

Als ich davon erfuhr, dass in meiner Nachbarschaft ein Hospiz gebaut wird, wusste ich sofort, dass dort eine Aufgabe auf mich wartet, und noch heute werde ich oft gefragt, warum ich das mache und ob es dort nicht ganz schrecklich traurig wäre. Durch meine Vorgeschichte hatte ich eine Ahnung, wie Sterben „gehen könnte", in der Begleitung der vielen Gäst:innen habe ich dennoch sehr viel gelernt, denn Sterben kann man nun mal nicht üben.

Ich hatte den Gedanken und die Hoffnung, das, was ich gerne tue, möglicherweise nutzbringend für die Gäst:innen einbringen zu können: schreiben. Nach und nach kristallisierte sich eine konkretere Idee heraus und kurz vor der Eröffnung führte ich mein erstes Vorstellungsgespräch mit der Sozialarbeiterin, die für uns Ehrenamtliche zuständig war. Es gab eine Reihe von Fragen, die ich als Bewerberin beantworten musste. Eine davon war, inwieweit ich mich selbst mit dem Tod beschäftigt hätte. Fast musste ich lachen, denn ich hätte mir genau dieselbe Frage gestellt.

Seit ich 2007 das erste Mal eine Krebsdiagnose, 2008 ein Rezidiv und 2012 eine palliative Diagnose erhalten hatte, musste ich mich zwangsläufig mit meiner eigenen Endlichkeit auseinandersetzen. Da ich seit meinem achtzehnten Lebensjahr in Krankenhäusern arbeitete, war meine professionelle Betrachtung hilfreich. Fast zehn Jahre war ich auf verschiedenen Intensivstationen quer durch Deutschland tätig – unter anderem auf einer kardiologischen Transplantations-Intensiv in einem Herzzentrum. Tatsächlich habe ich (sehr junge) Menschen erlebt, die „nur“ noch durch ein hochtechnisiertes Kunstherz am Leben waren. Ich durfte bei einer Transplantation mit in den OP – es ist seltsam, wenn eine Maschine komplett „das Leben“ übernimmt ... Wenn das neue Herz dann anfängt zu schlagen, ist es ähnlich wie bei einer Geburt. Ein neues Leben kann beginnen. Nicht zu vergessen ist natürlich, dass ein anderer Mensch gestorben ist, wenn eine Herztransplantation stattfindet – Leben und Tod sind dabei immer eins. Ich bin unendlich dankbar, das erlebt zu haben, und diese Erfahrungen haben mir immer bei der Kommunikation mit meinen behandelnden Ärzt:innen geholfen. Ich konnte viele Fachfragen stellen und so zusätzliche Informationen erhalten.

Ich hatte also die Idee, hier im Hospiz das anzubieten, was mir selbst sehr geholfen hat: schreiben. Wir überlegten gemeinsam ein Konzept, wie ich meine Erfahrungen für die Gäst:innen nutzbar machen könnte. Es gab keine Blaupause aus anderen Hospizen, in denen etwas Ähnliches angeboten wurde. Wir starteten also einfach, als die ersten Gäst:innen da waren. Ich hatte nicht die blasseste Ahnung, wie das funktionieren könnte und was sich daraus entwickeln würde. Es war im wahrsten Sinne des Wortes ein neuer Raum, der im Hospiz im Verlauf von nunmehr drei Jahren zu einer festen Einrichtung geworden ist.

So lade ich zu meinem Angebot ein, den Schreib(T)Räumen, die auch Grundlage dieses Buchs geworden sind:

Liebe Gäst:innen, liebe Angehörige,

ich möchte Sie gerne einzeln oder im kleinen Kreis – je nach Wunsch – in und zu unseren „Schreib(T)Räumen" einladen. Mit ein paar kleinen Anregungen möchte ich Sie mit Stift und Papier durch Zeit und Raum schicken.

Wir wollen nicht den Literaturnobelpreis gewinnen, sondern „nur" Worte zu Papier bringen ... und vielleicht entsteht ein Brief, ein Tagebuch, eine Geschichte, eine Erinnerungssammlung oder was immer Sie möchten. Sprechen Sie uns gerne an.

Corinna Kohröde-Warnken

Alex

Im Sommer 2021 lernte ich Alexandra kennen, für ein gutes halbes Jahr. Sie war meine erste Begleitung im Hospiz – meine Lehrerin für so viele, die nach ihr kommen würden. Das ahnten wir beide natürlich nicht. Alex lehrte mich, wie bedingungslos die Begegnungen im Hospiz sind. Am Ende des Lebens gibt es einiges zu klären oder in Ordnung zu bringen und Ungesagtes auszusprechen. Ich überlege oft, ob das Wissen um den nahen Tod nicht vielleicht die gnädigste Art zu sterben ist, weil man sich vorbereiten kann bzw. muss. Natürlich verdrängen manche Gäst:innen ihren nahen Tod. Das ist nichts, was es zu bewerten gilt, denn wie sagt man: „Jeder stirbt seinen eigenen Tod." Sterben ist nach der Geburt wohl die intimste und individuellste Angelegenheit im Leben. Umso dankbarer war ich, dass Alexandra so eine gute „Lehrmeisterin" für mich war. Ich *durfte* mich ausprobieren, sie *musste* es, denn Sterben kann man nicht üben.

Für mich war alles neu. Es roch noch ein bisschen nach Farbe und das Gebäude, das Team und die Räumlichkeiten waren neu. Wenn man durch den Glasvorbau in den Flur kommt, ist alles sehr hell. Das Hospiz ist räumlich wie ein Dreieck gebaut. Auf den beiden Schenkeln sind die Gästezimmer, und an der Spitze ist ein großes, lichtdurchflutetes Wohnzimmer mit einem sehr edlen, riesigen Holztisch, an dem mindestens zwölf Leute sitzen können. Tatsächlich ist dieser Tisch ein Treffpunkt für alle. Hier werden Rollstühle, Liegestühle und sogar Betten herangeschoben und es werden dort neben den Mahlzeiten viele gemeinsame Feste, Gottesdienste und Besprechungen abgehalten. Die Gäst:innen haben natürlich die Wahl, ob sie lieber in ihren Zimmern oder gemeinsam im Wohnzimmer speisen möchten. Es ist ein viel besuchter Raum mit einer offenen Küche. Hier ist immer Betrieb durch die vielen Menschen, die ihn nutzen, ob sie nur zu Besuch oder fürs Essen zuständig sind: Hauswirtschafterinnen, Ehrenamtliche, Angehörige und Gäst:innen, die dort Pudding kochen, Waffeln oder Kuchen backen. Es riecht immer lecker hier und manchmal liegt der alte Border Collie einer Hauswirtschafterin unter dem Tisch und schläft. Tiere sind hier grundsätzlich erlaubt. Hunde sind oft hier, manchmal auch Pferde, Vögel und ein Esel, selbst ein Lama war schon da.

In mehreren Vorgesprächen hatte ich versucht, der Sozialarbeiterin das Konzept meiner Idee vom Schreib(T)Raum zu erläutern – und eigentlich auch mir selber. Großartig war, dass ich einfach alles ausprobieren durfte und mir vertraut wurde. Ich habe mich auf meine Erfahrungen von der Intensivstation, wo auch viele Menschen sterben – aber natürlich unter ganz anderen Bedingungen –, aus der Notfallseelsorge und von meiner Weiterbildung in der Psychoonkologie gestützt. Dennoch war ich etwas aufgeregt, was aber schnell nachließ, denn hier im Hospiz herrscht immer eine ausgesprochen entspannte Atmosphäre. Niemand ist hektisch oder geht schnellen Schrittes über den Flur. Das empfinde ich noch heute als sehr angenehm, denn auf den Fluren habe ich schon ganz wunderbare Begegnungen gehabt. Auf der Intensivstation waren die Flure einfach nur Wege ... Dort ging es darum, Leben zu retten, bzw. zurückzuholen, hier geht es darum loszulassen – für die Gäst:innen, die Familien und Zugehörigen und ebenso für alle Mitarbeitenden.

Ich klopfte also das erste Mal an die Zimmertüre von Alexandra und hörte ein fröhliches und überraschend lautes: „Herein". Eine Frau, etwas jünger als ich, saß aufrecht im Bett und lachte mich freundlich an. Ihre Haare wuchsen hellblond nach und eine Infusion lief in ihren Port, der sichtbar mit einem großen weißen Pflaster in der Nähe des Schlüsselbeins fixiert war. Ein Mann saß neben ihr in dem gemütlichen verstellbaren Ruhesessel, der in jedem Zimmer zur Ausstattung gehört. „Hallo! Du bist Corinna, oder? Ich habe gehofft, dass du zu mir kommst. Du schreibst hier mit uns, richtig? Ich würde gerne Abschiedsbriefe an meine drei Enkelinnen schreiben", erklärte sie mir.

Alex machte mir den Einstieg sehr leicht. Sie sagte, was sie sich wünschte, war sehr offen und herzlich und hatte eine unfassbar tapfere Haltung zu ihrer Situation. Sie konnte ihre Hände nicht mehr gut bewegen und wie zum Beweis hielt sie sie hoch. Einen Moment lang blickte sie darauf, dann begann sie plötzlich zu weinen. Ich würde noch sehr oft erleben, dass hier Emotionen binnen Sekunden von fröhlich oder albern zu wütend oder (im Wortsinn) „zu Tode betrübt" wechseln. Zu Anfang war das irritierend. Mittlerweile finde ich es einfach nur ehrlich. Ihr Mann sprang auf und nahm sie tröstend in den Arm. „Du diktierst mir einfach, was du schreiben möchtest", schlug ich vor. „Dann bin ich deine Hände ..." Sie nickte und suchte sich schönes Briefpapier aus, das ich im Vorfeld besorgt hatte. Sie diktierte sehr langsam und gut überlegt, sodass ich einfach aufschreiben konnte, was sie sagte. Ich hörte zu, konzentrierte mich und schrieb alles Wort für Wort auf. Zwischendurch erzählte Alex ein bisschen aus ihrem Leben. Sie hatte einen Sohn an den sie nächste Woche schreiben wollte. Ich freute mich, dass sie das so selbstverständlich sagte – anscheinend sollte ich wiederkommen.

Am folgenden Montag wurde ich von Alex wieder so herzlich begrüßt, als würden wir uns schon ewig kennen. Das war noch neu für mich, aber ich würde hier neben sehr vielen anderen Dingen auch lernen, dass die Zeit im Hospiz anders läuft. Kennenlernen und vertraut sein geht hier schneller, denn niemand weiß, wie viel Zeit noch bleibt. Ich würde allerdings auch oft erleben, dass ich mich mit „Bis nächsten Montag" verabschiedete, aber es gar keinen nächsten Montag für den oder die Gäst:in gab. Alex hatte überlegt, dass sie eine Art „Steckbrief" von sich verfassen wollte, da ihre Enkelkinder sie eigentlich kaum kannten. Sie wohnten weit weg und sahen sich nur ein paar Mal im Jahr. Ich fand, dass das eine tolle Idee sei, sagte aber meine Meinung dazu nicht – denn es ist irrelevant, ob ich etwas gut finde oder nicht. Dann erzählte sie mir von ihrem Hund, der als Foto aufgedruckt auf einem kleinen Kissen zu sehen war. Wieder musste sie kurz weinen und versicherte sich, dass ich auch ganz bestimmt am folgenden Montag wiederkommen würde. Das versprach ich ihr natürlich gerne. Nächste Woche müsse ihr Mann wieder arbeiten und sie sei nicht gerne alleine. „Ich möchte so gerne noch leben. Seit Dezember war ich auf der Palliativstation und zwischendurch immer mal wieder kurz zu Hause. Aber irgendwann ging das nicht mehr ..." Darum sei sie hierhergekommen. Sie sei austherapiert. „Ich hatte Glück, dass das Hospiz gerade rechtzeitig für mich fertig geworden ist." Sie stutzte kurz, sah mich an und zeitgleich mussten wir lachen. Einen Moment lang war ich erschrocken, aber auch das lernte ich: Lachen ist hier unbedingt erlaubt. Es wird sogar erstaunlich oft, viel und laut gelacht.

Zu meinem nächsten Besuch bei Alex brachte ich meine alte Hündin Rala mit und Alex war begeistert. Ich merkte aber, dass mich das etwas stresste, weil ich mich weder auf Alex noch auf meinen Hund uneingeschränkt konzentrieren konnte. Wir schrieben auch nicht, aber Alex erzählte von ihrem Hund. Sie war sichtlich entspannt durch die Anwesenheit meiner Hündin. Ich nahm mir vor, diese Info weiterzugeben: Inzwischen kommt regelmäßig eine Frau mit ausgebildeten Therapiehunden und ein „hauseigener" junger Hund namens Cooper ist mittlerweile auch fast jeden Tag dort. Das hätte Alex gefallen.

Ein paar Wochen später fand das erste Sommerfest statt und alle Gäst:innen, Angehörige und Ehrenamtlichen waren von den Mitarbeitenden zum Grillen eingeladen. Es war ein gemütliches und fröhliches Fest und wenn ich es nicht besser gewusst hätte, hätte man es für ein ganz „normales" Sommerfest halten können, wo alle sich in der Gewissheit wägten, bald ein weiteres Fest zu feiern ... Jedenfalls hatten alle Spaß, es wurde geredet, gelacht, gegessen und getrunken (ja, natürlich dürfen die Gäst:innen hier Wein, Bier oder auch einen Schnaps trinken, wenn sie das möchten).

Am Montag danach traf ich Alex wieder alleine an und war überrascht, wie selbstverständlich für uns diese Besuche inzwischen geworden waren. Sie wollte dieses Mal nicht schreiben, aber das nächste Mal sollte es der Abschiedsbrief für ihren Mann werden. Ich versprach, besonders schönes Briefpapier zu besorgen. „Ich habe Angst vor dem Sterben", gab sie zu und ich konnte dazu nur nicken. Aus einem Impuls heraus erzähle ich ihr eine Geschichte:

> *Ein Pfarrer führt ein Gespräch über die Beerdigung mit einer schwer kranken Frau. Die hat einige Wünsche. Sie möchte eine große Beerdigung mit all ihren Freunden und Verwandten. Der Sarg soll offen bleiben, und sie möchte eine Bibel in der linken Hand halten und eine Gabel in der Rechten. „Wieso eine Gabel?", fragt der Pfarrer. Die Frau erklärt: „In all den Jahren war ich auf vielen Empfängen. Ich wurde immer daran erinnert, die Gabel zu behalten, wenn das Geschirr abgeräumt wurde. Und ich freute mich dann immer, weil ich wusste, dass noch etwas Besseres kommen würde. Eis, Torte oder Schokoladenpudding. Irgendetwas Wunderbares, was das große Mahl perfekt abrunden würde. Ich möchte, dass die Leute an meinem Sarg sich wundern, warum ich eine Gabel in der Hand halte. Und dann möchte ich, dass Sie den Leuten sagen: ‚Behalten Sie die Gabel – das Beste kommt erst noch'". (Verfasser unbekannt)*

Alex sah mich einen Moment lang schweigend an und ein paar Tränen rollten. „Ich glaube daran, dass das Beste danach noch kommt", sagte ich leise und sie nickte heftig mit dem Kopf. Sie bedankte sich für die Geschichte und schloss die Augen. Sie war müde. Das war für mich das Zeichen zu gehen. Leise sagte ich: „Tschüss, Alex" und schloss die Tür.

Beim nächsten Besuch war ihr Mann wieder da. Er war wie immer freundlich und begrüßte mich herzlich. Alex erzählte, dass ihr Sohn da war. Sie hatte ein Heft bereitgelegt, um aufzuschreiben, wie sie den gestrigen Tag erlebt hatte. Dann erzählte Alex, dass sie mit einer Pflegefachkraft besprochen hätten, was sie anziehen wollte, wenn es „so weit" sei. „Mir ist bewusst geworden, dass es bald Zeit ist …, dass die Zeit schnell vergeht. Ich habe mir einen coolen schwarzen Jumpsuit bestellt. Er kommt die Tage. Ich zeige ihn dir dann." Ich merkte mal wieder, dass ich hier noch viel zu lernen hatte! Für Alex war es offenbar sehr wichtig, was sie anhatte, wenn sie gestorben war, und je länger ich darüber nachdachte, umso mehr verstand ich sie.

Am nächsten Montag strahlte mich Alex schon von Weitem an und deutete auf den Kleiderschrank. Dort hing ihr Jumpsuit – sehr festlich mit Spitze und sehr elegant. „Cool, oder? Er war sogar reduziert. Ein echter Schnapper! Er ist mir zu lang. Er wird die Tage noch gekürzt, damit er mir richtig passt", sprudelte es aus ihr hervor, kaum dass ich durch die Tür war. Ich war perplex, weil es im Grunde ja völlig egal war, ob der Saum zu lang war oder nicht, aber für Alex schien es sehr wichtig und das ist das Entscheidende! Wir redeten lange über ihr „Sterbe-Outfit", was ich zu Anfang sehr gewöhnungsbedürftig fand, aber es ging nicht um meine Befindlichkeit, denn Alex hatte sichtlich Spaß daran, alle Vorzüge des Jumpsuits zu erörtern. Sie befragte mich zu meiner Meinung und hörte mir aufmerksam zu. „Wir sind schon ein ganz gut eingespieltes Duo", stellte ich abschließend fest. Sie nickte heftig und sah mich lange an. Worte brauchte es in diesem Moment nicht, denn ich wusste, was sie mir sagen wollte.

In den nächsten Wochen war viel los. Eine große goldene Hochzeit wurde im Hospiz gefeiert. Alle waren eingeladen, und ein Pianist musizierte im Wohnzimmer auf dem hospizeigenen Klavier. Die Familie des „Gold-Paares" hatte den Pianisten ein Jahr im Voraus gebucht. Er sollte einmal im Monat sonntags für eine halbe Stunde ein kleines Wohnzimmerkonzert geben. Was für eine tolle Idee, denn so ist die Gästin noch weit über den Tod hinaus hier im Hospiz präsent, und viele Menschen können sich an den Konzerten erfreuen. Es gibt eben doch sehr vieles, was den Tod überdauert – wie tröstlich!

Alles in Alex' Zimmer war knallrot – ein riesiger Rosenstrauß, eine dicke Stummelkerze, mehrere Herzluftballons, Luftschlangen und eine neue Decke über ihren Füßen. Fragend und mit hochgezogenen Augenbrauen schaute ich Alex an, die sich kichernd die Decke über den Kopf zog. „Zehnter Hochzeitstag" sagte sie dann atemlos und wurde ein bisschen rot wie ein Teenager. Ihr Mann grinste aus dem Sessel heraus und zwinkerte mir zu. Dann ließ ich mir erzählen, wie sie gefeiert hatten. Sie waren beim Chinesen essen. Das war zwar anstrengend, aber schön, berichtete Alex. Und dann fragte sie plötzlich: „Und wie war deine Woche?" Ich war perplex, weil diese sterbende Frau an meinem Leben Interesse hatte. Ich erzählte ihr von meiner Woche, von Rala – die sie ja kennengelernt hatte – und von dem, was mich so beschäftigte. Sehr aufmerksam hörte sie zu und stellte mir Fragen. Für einen Moment fand ich es unangenehm, denn hier ging es ja nicht um mich. Ich merkte, dass ihr Interesse nichts mit Neugierde zu tun hatte, sondern mit aufrichtigem Interesse. Sie hörte von einem „normalen" Leben, nach dem sie sich selber so sehnte. Ich würde das noch sehr oft erleben – dass ich etwas von mir preisgeben musste, weil mir hier die Sterbenden auch viel Privates und Intimes erzählten. Ich lernte, dass es ein Vertrauensbeweis auf beiden Seiten ist, und zunehmend verlor ich die Scheu, die ich anfangs dabei empfand. Nein, heute wollte sie nicht mehr schreiben, aber nächste Woche. Der Brief an ihren Mann stand noch aus – wir beide wussten das. Ich zeigte ihr das neue Briefpapier, und sie war begeistert. „Ich freue mich auf nächste Woche", verabschiedete sie mich.

„Sondereinsatz Alex“. Ein Anruf aus dem Hospiz erreichte mich. Ob ich spontan heute Morgen kommen könnte? Alex wollte so schnell wie möglich den Brief an ihren Mann schreiben, ließ mich die betreuende Pflegefachkraft wissen. Ich ließ alles stehen und liegen, denn „Zeit“ hatte so eine Anfrage sicher nicht und ich ahnte, dass es ein besonderer Besuch werden würde. Herzlich wurde ich von der Schwester, die mich angerufen hatte, begrüßt: „Gut, dass du da bist. Es scheint sehr wichtig zu sein …“ Ich nickte und bedankte mich für den Anruf. Als ich ins Zimmer von Alex kam, hatte ich ein bisschen Herzklopfen und versuchte, mich sehr auf das, was da kam, zu konzentrieren. Alex nickte mir dankbar zu. „Danke, dass du so spontan kommen konntest.“ Gerade, als ich mich zu ihr gesetzt und das Briefpapier ausgepackt hatte, klopfte es und die aufmerksame Kollegin brachte auf einem Tablett zwei Cocktails mit Schirmchen und Zuckerrand herein. „Etwas Besonderes zu einem besonderen Anlass“, sagte sie, zwinkerte uns zu und war auch schon wieder verschwunden. Ich war gerührt und Alex und ich stießen an. Der Cocktail war alkoholfrei, schmeckte aber wunderbar, und der feierliche Moment half uns beiden, den wohl wichtigsten Brief von Alex zu schreiben.

Sie diktierte wie immer sehr fließend, und ich musste sie bitten, etwas langsamer zu sprechen, denn ich bemühte mich, besonders schön zu schreiben. Sie ließ sich den Brief noch einmal von mir vorlesen, änderte aber nichts. Sie wusste genau, was sie sagen wollte. Sie unterschrieb und ich bemühte mich, dass sie meine Tränen nicht bemerkte. Alex weinte auch, griff nach meiner Hand, lächelte etwas schief und sagte: „Nicht weinen! … und … danke!“

„Ich schon wieder. Äh ... ich komme ja immer montags", platzte ich bei Alex am Montag herein und bekam gerade so die Kurve, weil Alex' Mann im Sessel saß, der ja nicht wusste, dass ich erst am Freitag da gewesen war. „Ja, und das ist toll," bestätigte er prompt. Alex grinste und verdrehte die Augen. Eine richtige Verschwörungstruppe sind wir geworden. Das sagte ich aber nicht, sondern dachte es nur und musste auch lächeln. Ich hatte es durch Alex schon gelernt – es gab erstaunlich viele Gelegenheiten, um hier zu lächeln oder gar lauthals loszulachen.

Alex' Mann zog mir wieder Tisch und Stuhl heran, sodass ich Alex sehen konnte, wenn sie mir einen Brief diktierte. Dankbar nickte ich ihm zu. Wir unterhielten uns ein bisschen und natürlich hatte sich herumgesprochen, dass ein alter Herr, der sehr intensiv von seiner Tochter begleitet wurde, verstorben war. Hier wird daraus kein Geheimnis gemacht, denn alle kennen sich untereinander – „Leidensgenossen", wenn man so will. Alex diktierte mir heute einen Brief an eine enge Freundin, die gestern zu Besuch gewesen war. Manchmal ist es einfacher, Dinge zu schreiben, als sie auszusprechen. Ich kenne das gut. An diesem Tag lächelte Alex viel. Es ging ihr gut. Ihr war nicht übel, und die Schmerzen waren unter Kontrolle, ihr Mann war da und ich brachte ein bisschen Abwechslung. Hier machen schon Selbstverständlichkeiten Freude. Das ist ansteckend und ich werde es fast jedes Mal erleben, dass ich dankbarer nach Hause gehe, als ich gekommen bin.

In den nächsten Wochen gab es eine kurze Phase, wo es Alex gefühlt besser ging. Ihre Haare wuchsen deutlich nach, ihre eingefallenen Wangen wurden etwas straffer, was aber eher an Wasseinlagerungen lag, und sie hatte kaum Schmerzen, weil sie gut mit Medikamenten eingestellt war. Ständig hatte sie eine neue knallige Nagelackfarbe, war im Wellnessbad und eine Kosmetikerin war da. Sie ließ sich verwöhnen und genoss jede Zuwendung. Im Nachhinein war es wohl ein letztes Aufflackern ihrer Lebensenergie, denn von einem Tag auf den anderen ging es dann plötzlich deutlich schlechter. Das war sichtbar und sie stellte es selbst fest. Schreiben mochte sie nichts mehr. „Ich habe alles erledigt", sagte sie mir mit Nachdruck. Auch das war ein Satz, den ich noch öfter hören würde. Alles erledigt zu haben läutet nach meiner Beobachtung den nächsten Schritt im Sterbeprozess ein: das Loslassen.

Die nächsten Besuche sind sehr kurz, da Alex Besuch von ihrem Sohn, ihrem Mann und einer Freundin hatte. Das hatte natürlich Priorität, und ich winkte immer nur ein kurzes „Hallo" in ihr Zimmer. Sie wurde immer schmaler und blasser. Dann war der Platz im Sessel, wo eigentlich immer Alex' Mann saß eines Montags frei, und ich huschte schnell zu Alex. Sie lächelte müde. „Ich habe ihn einkaufen geschickt. Ich kann nichts essen, aber er möchte so gerne etwas Schönes für mich besorgen." Ich musste schlucken. Nur um ihrem Mann eine Freude zu machen, schickte sie ihn einkaufen – Mozzarella, Tomaten und Süßigkeiten – wohl wissend, dass sie nichts davon essen konnte. Bei meinem nächsten Besuch sprachen wir von ihrem Zimmernachbarn, der verstorben war. Sie hatte die Todesanzeige aufgehoben und zeigte sie mir. Wir unterhielten uns darüber, wie man so etwas gestalten konnte, und Alex erteilte den Auftrag an ihren Mann, auch ein Foto von ihr in die Todesanzeige einzufügen. „Das von der Hochzeit. Du weißt schon!" Das Thema schien sie sehr zu beschäftigen, denn mehrfach kam sie auf das Foto zu sprechen und insistierte immer wieder, dass es unbedingt dieses eine Foto sein sollte: „Versprich es mir!", forderte sie. Das tat ihr Mann auch mehrfach und zeigte eine unglaubliche Geduld. Ich war beeindruckt. Eine Woche später fuhren Alex und ihr Mann zum Friedwald und suchten einen Platz für ihre Urne unter einer Rotbuche aus. Ich konnte mir kaum vorstellen, wie das wohl für die beiden gewesen sein mag ...

Der nächste Besuch war erneut eine Überraschung für mich, denn Alex saß aufrecht im Bett, lachte mir entgegen, winkte mich hektisch heran und griff nach einer Papp-Nierenschale. Ihr sei dauernd schlecht, entschuldigte sie sich, „aber gut, dass du da bist! Ich muss unbedingt eine Hochzeitskarte schreiben! Hast du eine schöne Karte?“ Nein, hatte ich natürlich nicht. Sie hatte jedes Recht, anspruchsvoll zu sein, und so nahmen wir uns entsprechend Zeit, jede vorhandene Karte auf Tauglichkeit zu prüfen, bis eine davon mit einem Rosenstrauß für Alex „ganz okay“ war. „Hast du einen schönen Spruch? Sonst bemühen wir Doktor Google“, schlug ich vor. Und tatsächlich lese ich dann gefühlt einhundert Glückwunschsprüche vor, bis Alex endlich einen davon für gut befand. Bei der Auswahl waren wir total albern und verballhornten einige Worte. Wir hatten richtig Spaß, und eine besorgte Pflegefachkraft steckte den Kopf durch die Tür, um zu fragen, ob alles in Ordnung wäre. Wir lachten nur noch lauter, weil wir uns ertappt fühlten. Dann diktierte mir Alex die Glückwünsche und ich schrieb alles genau so auf, wie sie es sagte.

Danach redeten wir über Alltäglichkeiten und ich war wieder überrascht, dass auch das hier wichtig war, wie selbstverständlich. Es gab vielleicht ein Gefühl von Normalität. Weihnachten, Wetter, Geschenke und andere Gäste. Alles lenkt ab vom eigenen Schicksal. Alex bedankte sich herzlich für den „Zeitvertreib“ und freute sich, dass ich nächsten Montag wiederkommen wollte. „Es geht ihr schlechter. Sie schläft gerade, aber du sollst sie unbedingt wecken. Sie will noch einen Brief schreiben“, wurde ich eine Woche später begrüßt. Damit hat sich meine Befürchtung bestätigt, aber die Info der diensthabenden Schwester half mir sehr, mich auf die Situation einzustellen. Alex blinzelte, als ich das Zimmer betrat, blieb aber liegen. „Schön, dass du da bist, ich muss noch einen Brief an die wunderbaren Pflegekräfte schreiben“, flüsterte sie. Ich nickte nur und packte das Schreibzeug auf den Tisch. Ich merkte, dass jedes Wort sie anstrengte, deshalb fokussierte ich mich auf die kostbare Zeit und auf das, was Alex noch erledigen wollte. Sie diktierte mir mit schwacher Stimme und geschlossenen Augen eine kurzen, aber sehr herzlichen Dankbrief an das Team. „Ich weiß nicht, ob das so gut ist. Was meinst du? Danke, dass du mir geholfen hast ...“, flüsterte sie und ihre Augen fielen schon wieder zu. „Ich war nur deine Hand, es sind deine Worte. Ich habe sie nur aufgeschrieben. Es werden sich alle sehr über deine lieben Worte freuen.“ Schweigen.

„Ich glaube, er holt mich“, sagte sie plötzlich leise. Dann fing sie an zu würgen und ich half ihr, die Schale zu halten, holte einen nassen Waschlappen und wischte ihr über das kaltschweißige Gesicht. „Dein Mann kann hier auch übernachten, wenn ihr das möchtet“, bot ich an. Das waren die letzten Maßnahmen und wir beide wussten das. Wir schwiegen, und es war eine ganz besondere Ruhe um uns herum. Da ich spürte, dass sie sehr rang und es ihr offensichtlich schwerfiel loszulassen, versuchte ich es mit einer Bestätigung: „Es sind alle Briefe geschrieben, Alex. Du hast viele Spuren hinterlassen ...“ Wieder suchte sie den Blickkontakt und nickte. Aus einem Impuls heraus fragte ich sie, ob ich einen Segen sprechen sollte. Wieder ein langer Blick und ein Nicken. Und so hielt ich meine Hände über sie und sprach mit zittriger Stimme den aaronitischen Segen und machte dann ein Kreuzzeichen auf ihre Stirn. Nun liefen bei uns beiden die Tränen, und ich hörte ein leises „Danke“ von ihr. Als ich die Tür hinter mir geschlossen hatte, fiel mir ein, dass ich den letzten Satz des Segens vergessen hatte, aber ich war sicher, dass er trotzdem gewirkt hat. Am nächsten Montag brannte die Kerze im Eingangsbereich für Alex.

Rudi

Im Hospiz werden die Feste gefeiert, wie sie fallen. Es gibt immer einen Grund dazu und falls nicht, wird so lange einer gesucht, bis eine Feier fällig ist. Es wurde sogar einmal Mitte Januar ein Silvesterfeuerwerk gezündet, einfach weil es sich jemand gewünscht hatte. An einem der oft veranstalteten Grillfeste lernte ich Rudi kennen. Er war schon einige Wochen da, und ich bin ihm immer wieder mal kurz im Wohnzimmer begegnet, aber er hatte anscheinend eine große Familie und oft Besuch. Wir kannten uns also nur vom Sehen. An diesem Sommernachmittag beim Grillfest setzte ich mich bewusst neben ihn auf die Bierbank. „Hallo, Rudi, schmeckt dir die Bratwurst? Mein Grillkäse ist sehr lecker", eröffnete ich etwas lahm das Gespräch. Er nickte und hob als Erstes sein Rotweinglas. Meine Begrüßung schien Rudi nicht zu stören, denn er fing sofort an, von sich und seinem Leben zu erzählen. Das erlebe ich hier öfter: Die Menschen reflektieren ihr Leben. Und es ist nachvollziehbar – wenn nicht jetzt, wann dann?

Rudi war Ingenieur. Er hatte viel im Ausland gearbeitet – Südafrika, Lateinamerika, Asien. Er war hörbar stolz auf seinen beruflichen Werdegang. Er erzählte von seiner großen Familie, die ihn regelmäßig und oft besuchte, auf die er ebenso stolz war. Er goss sich ein neues Glas Wein ein, ohne mir eines anzubieten. Ich musste schmunzeln. Gegenüber saß eine Kollegin, die an einen anderen Tisch wechselte, um sich dort zu unterhalten. „Die mag mich nicht – die spricht nie mit mir!“, stellte Rudi fest. Ich glaubte das eher nicht, denn ich kenne sie gut und weiß, dass sie überaus freundlich und hilfsbereit ist. Ich kommentierte es aber nicht. Wir plauderten noch etwas, dann verabschiedete ich mich mit der Frage, ob ich nächsten Montag auch mal zu ihm zu Besuch kommen sollte. „Ja, gerne, da habe ich Geburtstag. Ich würde mich freuen“, sagt er – und ich freute mich über die Einladung.

Ich konnte an der Geburtstagsfeier nicht teilnehmen, da die Gästeanzahl wegen der Coronaregeln begrenzt war, aber am darauffolgenden Montag besuchte ich ihn. Eine Pflegefachkraft hatte mich schon informiert, dass er gerne an seine Enkelin schreiben würde und er meine Unterstützung dafür in Anspruch nehmen wollte. Es ginge ihm aber zunehmend schlechter. Also klopfte ich an seine Tür und öffnete sie leise. Die Sonne schien auf sein Bett. Rudi lag mit offenen Augen darin und wendete sich mir sofort zu. Ohne Begrüßung begann er gleich zu reden. „Hast du eine Karte, die ich an meine Enkelin schreiben kann? Sie hat im nächsten Frühjahr Konfirmation. Ich werde dann nicht mehr da sein.“ Leise fing er an zu weinen. Ich setzte mich zu ihm und breitete einen großen Stapel mit verschiedenen Karten aus. Eine Konfirmationskarte hatte ich besorgt, da ich dankenswerterweise ein paar Tage vorher von einer Kollegin angerufen wurde, die mich über Rudis Wunsch informiert hatte. Im Hospiz ist es immer eine Gratwanderung, Dinge zu verschieben, da man nie sicher sein kann, ob der Gast am nächsten Montag noch da ist.

Rudi gefiel die Karte. „Ich kann die Karte nicht schreiben – du musst das machen“, forderte er mich auf. „Okay, was soll ich schreiben?“ „Nein, nein, du musst die Karte schreiben …“ Rudi weinte bitterlich, sodass er kaum sprechen konnte. Jetzt musste ich tief durchatmen. Damit würde ich meine selbst auferlegte Regel brechen, denn es waren nicht meine Karte und nicht meine letzten Worte. So ähnlich sagte ich Rudi das auch, aber er bat mich inständig, das für ihn zu tun. Tatsächlich würde das noch öfter vorkommen, aber das ahnte ich da natürlich noch nicht. Ich atmete tief durch, denn ich sollte quasi an eine junge Frau, die ich nicht kannte, eine Nachricht aus dem Jenseits schreiben – von einem Mann, den ich auch erst sehr kurz kannte, und der bald tot sein würde. Kein leichter Job! Ich fragte, wie seine Enkelin hieße – „Marie!“ – und formulierte den ersten Satz, sprach ihn laut aus und wartete auf ein Nicken von Rudi. Er weinte immer noch und sagte leise: „Ja, das ist gut.“. So verfuhren wir mit dem gesamten Text. Ich machte die Vorarbeit und Rudi ergänzte oder änderte dann doch das ein oder andere Wort oder Satzteil. Es dauerte eine Weile, aber als die Karte fertig war, unterschrieb Rudi sie mit zittriger Hand. Dann steckte ich die Karte in den Umschlag, fragte, ob ich ihn zukleben sollte, und schrieb „Marie“ darauf.

„Danke“, sagte Rudi und drehte sich weinend zum Fenster. „Alles okay! Marie wird sich freuen und die Karte aufheben …“ Er antwortete nicht und ich ging leise aus dem Zimmer. Mein Auftrag hier war erfüllt. Ich habe mich oft gefragt, wie es Marie an ihrer Konfirmation erging, als sie die Karte von ihrem Opa Rudi gelesen hat.

Merle

Eine weitere „junge“ Frau – jedenfalls jünger als ich – wurde gestern aufgenommen. Ich wurde von einer Pflegefachkraft gebeten, sie zu besuchen. Wie immer war ich dankbar, dass das Team sich Gedanken machte, wem mein Besuch und das Schreibangebot helfen könnte. Als ich an die Tür klopfte, hörte ich keine Antwort. Ich wartete einen Moment und klopfte etwas lauter. Wieder keine Antwort – vorsichtig öffnete ich die Tür, und eine Frau mit kurzen blonden Haaren sah mich mit großen braunen Augen fragend an. Ich stellte mich vor und erzählte in drei Sätzen, was ich anbieten konnte, dass wir gemeinsam schreiben könnten – Briefe oder Geschichten oder etwas über ihr Leben. „Da wüsste ich gar nicht, wo ich anfangen sollte“, war ihr erster vollständiger Satz. „Von vorne“, rutschte es mir heraus. Stille. Dann mussten wir beide lachen, und ich war erleichtert, dass ich nichts Falsches gesagt habe. Im Laufe der Zeit lernte ich hier, dass es gar nicht schlimm ist, spontan und ehrlich zu antworten. Die allermeisten Gäst:innen sind dankbar dafür – für Halbwahrheiten oder gar Lügen hat hier niemand Zeit.

„Wo ist die Grenze zwischen Anfang und Ende, Wahrheit, Erinnerungslücken und Wunschdenken?“, überlegte Merle. „Eigentlich ist jeder Tag ein Anfang – jeder Augenblick. Mein

Einzug hier ins Hospiz ist ein Anfang von etwas ... und gleichzeitig das Ende meines bisherigen Lebens." Ich nickte und hatte nichts hinzuzufügen. Dann erzählte ich auf ihre Nachfrage, wie ich zum Schreiben kam, dass sie mir diktieren könnte, wenn es zu anstrengend für sie sei und dass ich eine schöne Kladde für sie hätte. „Ich habe nicht viel Zeit – aber ich fange einfach mal an." Dann klopfte es und eine Freundin kam zu Besuch. Beim Hinausgehen sah ich, dass ein Stapel Bücher von Tolkien, Ferrante und anderen auf dem Tisch lagen – unter anderem auch eine Bibel. Mit dem Versprechen, dass ich nächsten Montag wiederkommen würde und einem Lächeln ging ich zu einem weiteren Gast.

Bei meinem nächsten Besuch bekam ich von einer Pflegefachkraft die Info, dass es Merle nicht gut ginge. Ich klopfte dennoch und steckte nur meinen Kopf ins Zimmer. Sie war wach und rang sich ein Lächeln ab, was sie sichtbar anstrengte. „Corinna ... komm doch rein." Merle atmete schwer. Sie könne heute nicht schreiben, da das im Liegen schwierig sei, und ihr Kopf sei wie Blei. Merle kam dennoch ins Reden – so, als müsse sie etwas loswerden. Von dem, was sie sagte, geriet einiges durcheinander. Hypoxie, mutmaßte ich. Sie erzählte von ihrem Sohn, ihrem Lebensgefährten und einem Umzug. Ich kommentierte nichts und fragte auch nicht nach. Dann überlegte sie, ob sie mir vielleicht doch einen Brief diktieren könnte. Mit dem Handy? Oder sollte sie doch schreiben und den Brief dann verbrennen? Aber eigentlich sei es jetzt zu spät zum Schreiben. Sie hätte eher anfangen sollen ...

Dann sprach Merle von Schuld – ihrer eigenen und auch solcher, die an ihr begangen wurde. Worte der Vergebung lösten sich mit zunehmend schwerer Atmung. Sie rang, haderte und kämpfte – das war ihr deutlich abzuspüren – mit sich selber und ihren „Dämonen“ – so formulierte sie es. Sie hatte Angst. Und Angst vor der Angst ... Sie konnte nicht mehr. Ich sollte nun gehen, aber unbedingt wiederkommen. Gerne! Draußen vor der Tür rang ich nach Atem.

Als ich am nächsten Montag das Hospiz betrat, fragte ich mich, ob Merle noch da war. Ja, aber es ging ihr weiterhin sehr schnell schlechter. Aber sie freue sich auf meinen Besuch, erfuhr ich nach einer herzlichen Begrüßung von der zuständigen Schwester. Merle lag im Bett und rang wieder oder immer noch – schwer nach Atem. Ich fragte trotzdem, wie es ihr gehe. „Ich bin so müde – und die Luft ist knapp ... Kannst du nächste Woche wiederkommen?“ „Ja, klar. Das mache ich ganz bestimmt.“ Merle hatte die Augen bereits wieder geschlossen, als ich die Tür leise zuzog.

„Sie möchte ihre Biografie schreiben“ – so wurde ich zu Merle geschickt. Am nächsten Tag ging Merles Biografie zu Ende. Sie ist gestorben. Der Sohn war bei ihr. Es sei schnell gegangen. Heute hatte ich zwei Bronzeengel dabei. Einer wäre für sie gewesen, und auch neues Briefpapier und einen schönen Stift hatte ich für sie vorgesehen. Wir haben uns nur kurz kennengelernt, wenige Worte gewechselt und dennoch wird sie mir unvergessen sein. Ich hätte gerne mehr Zeit mit ihr verbracht.

Udo

„Hallo, gut, dass du da bist!“, wurde ich mal wieder sehr herzlich von der Pflegefachkraft begrüßt. „Kannst du zu Udo gehen? Er ist schon drei Wochen hier und kommt nicht voran. Er kann nicht loslassen – er kämpft so sehr.“ Sie zuckte mit den Schultern und begleitete mich bis zur Zimmertür. Ich blieb einen Moment davor stehen, um mich zu sammeln und ein kurzes Gebet loszuschicken. Das schien nicht einfach zu werden, und ich konnte jetzt jede Inspiration für die richtigen Worte oder das Schweigen an den richtigen Stellen gebrauchen.

Udo war Mitte fünfzig, sah aber wesentlich älter aus. Er war sehr hager, saß vorneübergebeugt auf der Bettkannte, hatte einen Sauerstoffschlauch in der Nase und rang angestrengt nach Luft. Er war grau im Gesicht und seine Lippen blau-lila. Ein Zeichen für massiven Sauerstoffmangel im Blut. Seine Augen waren angstvoll weit aufgerissen. Luftnot ist sehr beängstigend.

Ich stellte mich direkt vor ihn, sodass er mich sehen konnte, ohne sich zu bewegen, sagte meinen Namen und was ich anbieten konnte. Sofort winkte er ab. Dann ließ er sich ins Bett zurückfallen und schloss die Augen. Ich fragte, ob ich mich einen Moment zu ihm setzen sollte. Er zuckte mit den Schultern, und ich zog mir einen Stuhl heran. Nach einem Moment wurde sein Atem etwas gleichmäßiger. Ich interpretierte es als leichten Dämmerschlaf und blieb einfach weiter schweigend neben ihm sitzen. Ich hatte keine Ahnung, ob er meine Anwesenheit wahrnahm, ob ich ihn störte oder ob er mich einfach ignorierte. Es spielte auch keine Rolle, Hauptsache, er bekam etwas besser Luft. Ich saß also die nächsten fünfzehn Minuten – die mir wie Stunden vorkamen – einfach nur schweigend da. Udo sprach nicht und ich auch nicht. Da ich nicht sicher war, ob er schlief oder nicht, verabschiedete ich mich irgendwann leise und sagte, dass ich nächste Woche Montag wiederkommen würde – Udo nickte mit geschlossenen Augen, ohne ein Wort zu sagen. Er war also doch wach. Als ich die Tür hinter mir geschlossen hatte, atmete ich einmal ganz bewusst ein und aus. Für mich eine Selbstverständlichkeit. Für Udo ein Kampf.

Am nächsten Montag rechnete ich damit, dass Udo nicht mehr da wäre. Aber wie so oft täuschte ich mich mit meiner Prognose, denn es gelten eigene Gesetze im Hospiz. Er war noch da und wartete auf mich! Eine Pflegefachkraft begleitete mich und führte mich in sein Zimmer. Eine seiner Töchter komme nachher, erzählte sie. Udo saß wie letztes Mal wieder auf der Bettkante. Sein Zustand schien unverändert. Er nickte mir erkennend zu und deutete auf einen Stuhl. Ich sollte mich zu ihm setzen. Ich sagte, dass ich so lange bei ihm bliebe, bis seine Tochter da wäre. Ein Strahlen ging über sein Gesicht, als ich von seiner Tochter sprach. Tränen liefen ihm dabei lautlos über die Wangen – zum Schluchzen hatte er nicht genügend Luft.

Er trug ein viel zu weites kurzärmeliges Shirt. Auf seinem linken Unterarm erkannte ich ein tätowiertes Herz, in das die Namen seiner beiden Töchter geschrieben waren. Ich setzte mich ihm direkt gegenüber und wir schwiegen wieder. Ich saß nur da und fragte nichts, sagte nichts. Udo auch nicht. Es gab nichts zu sagen. Immer wieder liefen lautlos Tränen über seine Wangen. Ich nickte ihm einfach zu. Man hörte nur das Zischen des Sauerstoffgerätes und das Rasseln und Pfeifen von Udos schweren Atemzügen. Nach etwa zehn Minuten klopfte es an der Tür und eine junge Frau mit Baseball-Cap kam herein. Ein Strahlen, noch intensiver als vorhin, ging über Udos Gesicht und ich stand schnell auf, um zu gehen. An der Tür drehte ich mich noch einmal um und winkte. Udo hob mit Anstrengung seine Hand zum Abschied – dann wandte er sich glücklich lächelnd und nach Atem ringend seiner Tochter zu.

Renate

Sie war 66 Jahre alt und sehr klein – was daran lag, dass sie an beiden Beinen oberschenkelamputiert war. Sie trug einen Verband über dem linken Auge wie eine Piratin, und zum Halt war die Mullbinde wie ein Turban um den Kopf gewickelt. Es sah irgendwie elegant und cool aus. Als ich eintrat, saß Renate auf der Terrasse, umgeben von vielen bunten Blumenkübeln, rauchte und winkte mich heran.

„Hallo!“, begrüßte sie mich freudig. „Du bist sicher die, die mit den Leuten hier schreibt, oder?“ Ich musste lachen, denn ich wusste nicht, ob es gut war, dass mein Ruf mir vorauseilte. Ich nickte und stellte mich vor. Wir beide wussten nicht, dass es eine fast anderthalbjährige Begleitung war, die hier gerade begann. Renate ist bisher unangefochten die Gäst:in, die am längsten hier im Hospiz war. Sie hat eindrücklich widerlegt, dass ein Hospiz nur zum Sterben da ist. Nein, Renate hat hier im Wortsinn „gelebt“: Keine Feier hat sie versäumt, kein Event, Beschäftigungsangebot oder Wünschewagen-Fahrt hat sie ausgelassen. Immer war sie freundlich, gut gelaunt – manchmal nachdenklich, fragend und suchend, aber auch vertrauensvoll, dankbar und zu einem kleinen „Schnack“ bereit – gewürzt mit Humor und Zuversicht. So erlebte ich sie fast immer. Sie wird sicher auch andere Phasen gehabt haben, aber das hat sie wohl mit sich selbst ausgemacht. Jeder darf hier seine eigene „Strategie“ leben, um zu sterben. Wir plauderten kurz und Renate bat mich, nächsten Montag wiederzukommen, denn dann hätte sie Geburtstagskarten zu schreiben. Ob ich welche besorgen könnte? Falls nicht, würde sie welche kaufen, denn gelegentlich fuhren die Mitarbeitenden mit dem hospizeigenen Bulli und einigen Gäst:innen zum Einkaufen. Ich versprach, dass ich nächstes Mal eine große Auswahl an Karten dahätte. Renate nickte freudig und zündete sich wieder eine Zigarette an.

Am nächsten Montag rollte Renate gleich vom Tisch auf die Terrasse und winkte mir mitzukommen. Sie begrüßte mich freudig, bot mir einen Platz im Schatten an und ließ sich von mir die Karten zeigen. Akribisch wählte sie zwei davon aus. Eine Geburtstagskarte für die Tochter, eine Karte für eine Freundin in der Reha. Als ich fragte, was sie schreiben wollte, schüttelte sie den Kopf. „Ich kann das nicht. Würdest du mir helfen? Ich habe ewig keine Karten oder Briefe mehr geschrieben.“ Dabei deutete sie auf ihre rheumatischen Hände. Mittlerweile habe ich mich daran gewöhnt, dass ich Texte vorformuliere. Ich mache das nicht wirklich gerne und habe immer ein etwas schlechtes Gewissen dem Empfänger gegenüber. Mein Gefühl relativiert sich aber mit der Zeit: Meistens formulieren die Gäst:innen dann doch um, wenn ich Textvorschläge mache. Also versuchte ich, so gut ich konnte, etwas Persönliches, aber dennoch Neutrales vorzuschlagen. Renate war meistens einverstanden, formulierte dann aber wie von mir erhofft den ein oder anderen Satz doch noch um. Ich übernahm das natürlich und las zum Abschluss alles noch einmal laut vor. Sie nickte bestätigend und griff etwas ungelenk nach dem Stift. Unterschreiben wollte sie persönlich. Ich adressierte derweil den Umschlag und als er zugeklebt war, ließ sich Renate mit einem Seufzer in die

Lehne zurückfallen. Tatsächlich waren schon diese Kleinigkeiten – zumal sie ja auch emotional anspruchsvoll waren – anstrengend. Ich versprach, den Brief zu frankieren und in den Briefkasten einzuwerfen. Renate nickte und dabei fielen ihr schon die Augen zu.

Bei meinem nächsten Besuch wollte sie nicht schreiben. Sie hatte eher Redebedarf. Und auch das gehörte dazu – zuhören, was manchmal anspruchsvoller ist, als aktiv etwas tun zu können. Renate erzählte aus ihrem Leben: über ihre Erkrankung, die die Amputation ihrer beiden Beine nötig gemacht hatte, über ihre OPs und dass ihr Leben auch vorher schon nicht leicht gewesen sei. Sie hatte ihren Vater neun Jahre gepflegt – zum Schluss war auch ihr Mann mehrere Jahre pflegebedürftig gewesen. Er starb dann sehr jung. Das war eine harte Zeit gewesen, geprägt von viel Arbeit, großer Verantwortung und wenig Schlaf. Ihre Töchter waren damals noch sehr jung, und jetzt waren sie ihr Halt. Voller Liebe sprach sie immer wieder von den beiden. Ich wusste, dass sie, so oft sie konnten, zu Besuch kamen. Das war jedes Mal ein Geschenk für Renate. Es erleichterte ihr den Aufenthalt im Hospiz. Aus Gesprächen mit verschiedenen Angehörigen höre ich immer wieder, dass es schwer ist, ins Hospiz zu gehen, auch wenn die Atmosphäre wohnlich, angenehm und herzlich ist – es ist und bleibt im kollektiven Gedächtnis ein Sterbehaus, was ja im Grundsatz stimmt, denn (fast) keiner verlässt das Hospiz lebend.

Die nächsten Wochen begegnete ich Renate immer nur kurz. Sie war sehr beschäftigt. Mehrfach fuhr sie mit dem behindertengerechten Bulli und einer Begleitung einkaufen. Mal wurde sie von einer anderen Ehrenamtlichen durch die Fußgängerzone geschoben, mal war sie mit dem Wünschewagen unterwegs, um ihre Cousine an der Nordsee zu besuchen. Sie holte all das nach, was sie über viele Jahre durch ihre vielen Aufgaben nicht tun konnte. Immer sah ich sie gut gelaunt und voller Tatendrang. Diese kleine Frau lag im Sterben, aber ihr Lebenswille war noch ungebrochen. Mich beeindruckte ihr Enthusiasmus sehr, und er wirkte sehr ansteckend, denn wo immer sie hinrollte in ihrem wendigen, kleinen Rollstuhl, herrschte sofort gute Laune. Im Wohnzimmer war sie eine häufige und gern gesehene Gästin. Wenn man sie suchte und hörte von irgendwoher ein Lachen, war klar, dass Renate in der Nähe war. Immer gab es etwas zu plaudern und zu tun – aber zuhören konnte sie auch sehr gut und einige der Gäst:innen führten lange Gespräche mit ihr.

Bei einem späteren Besuch bei Renate traf ich sie zur Abwechslung mal in ihrem Zimmer an. Sie saß wie immer im Rollstuhl, und die Pflegefachkräfte hatten um den sonst weißen Mull-Kopfverband ein buntes Tuch gewickelt. „Wow! Das sieht ja cool aus“, entfuhr es mir. Sofort zuckte ich zusammen, denn eigentlich war mein spontaner Ausbruch unangemessen. Aber wie so oft wurde ich überrascht, denn Renate platzte fast vor Stolz und strahlte über das ganze Gesicht. „Danke für das Kompliment, ja, nicht wahr: Heute bin ich die Schönste!“ „Absolut“, bestätigte ich. „Das bist du auf jedem Fall!“ Sie deutete mir, Platz zu nehmen, und schob mir eine grüne Kladde zu, auf der ein Foto und der Titel geprägt war. „Das hat mein Mann geschrieben. Ich habe nichts davon gewusst. Meine Tochter hat es auf dem Laptop gefunden, ausgedruckt und für mich binden lassen. Es sind tagebuchähnliche Geschichten. Ich werde es vorläufig nicht lesen … das geht mir zu nahe!“ Sie schob es zu mir herüber und ich nahm es kurz in die Hand, ohne es aufzuschlagen. Dann gab ich es ihr zurück. „Möchtest du etwas Ähnliches schreiben? Du könntest es mir diktieren, wenn du magst ..., eine Art Tagebuch?" Renate sah überrascht auf, zuckte die Schultern und schwieg. Ich insistierte nicht und Renate wechselte abrupt das Thema. Die Sache schien vorläufig erledigt oder sie wollte es zumindest nicht weiter mit mir besprechen. Das war natürlich in Ordnung und so plauderten wir einfach über Klatsch und Tratsch ... und das ein oder andere Mal lachte Renate laut auf.

Bei meinen nächsten Besuchen kamen wir noch mehrfach auf das Buch zu sprechen, aber niemals inhaltlich. Es war Renate sehr wichtig, und es lag immer so, dass sie danach greifen konnte. Ob sie es je gelesen hat, habe ich nie erfahren. Wir schrieben weiter Karten an verschiedene Menschen aus der Familie und aus ihrem Freundeskreis und immer war Renate mittendrin, wenn es Feiern gab – und die gibt es oft im Hospiz. Eigentlich ist dort jeder Tag ein Fest. Besondere Tagesangebote wie Singen, Konzerte, kreative Angebote, Ausflüge, Gottesdienste oder Ähnliches verpasste sie ebenfalls nicht.

Kurz vor Weihnachten, an einem besonders trüben, dunklen Tag, planten wir einen kreativen Nachmittag. Ich hatte Acrylfarben mitgebracht, die mit einem Verdünnungsmittel auf kleine Leinwände geschüttet werden sollten. Man nennt es „Acrylic pouring", und es kommen immer tolle Ergebnisse dabei heraus, weil man wirklich nichts falsch machen kann. Die Pflegefachkräfte waren natürlich involviert und halfen, den Besprechungsraum mit Plastikfolien vor Farbklecksen zu schützen. Sie haben kräftig Werbung gemacht und schon waren fünf Gäst:innen (von neun!) versammelt, drei Pflegefachkräfte und ich. Natürlich war Renate dabei und lauschte aufmerksam meiner kurzen Erklärung. Besuchende, die uns im Besprechungsraum mit gelben Schutzkitteln sehen konnten, waren leicht irritiert über den hohen Geräuschpegel. Man konnte kaum sein eigenes Wort verstehen, so viel wurde gelacht und geredet, diskutiert und abgewägt. Jeder kommentierte seine Kunstwerke, verglich, holte sich Inspiration bei anderen und versuchte erneut, sein ganz persönliches Kunstwerk zu erschaffen. Es kamen wahrhaftig erstaunliche Ergebnisse dabei heraus. Renate war voller Begeisterung und hochkonzentriert dabei. Immer wieder probierte sie neue Techniken und Farbkombinationen aus. Fast zwei Stunden werkelten wir alle zusammen, hatten unheimlich viel Spaß und die Rollen verschwammen, weil wir alle Künstler:innen waren, einfach „Spaß an der Freude" hatten und gemeinsam – im besten Sinn des Wortes – einen „bunten Nachmittag" erlebten. Hier und jetzt waren wir nur eine gut gelaunte, lachende und laute Truppe. Für ein paar Momente dachte niemand ans Sterben.

„Zwischen den Jahren" war auch im Hospiz eine stille Zeit, sodass ich mit meinen Besuchen und Angeboten eine Pause bis zum Beginn des neuen Jahres einlegte. Ich verabschiedete mich bei allen Gäst:innen, wohl wissend, dass ich einige möglicherweise nicht wiedersehen würde. Ich hoffte, dass Renate noch da wäre bzw. dass es so sein würde, wie sie es sich wünschte.

Gleich nach Neujahr kam ich wie versprochen wieder ins Hospiz und erfuhr, dass alle, die ich aktuell begleitete, noch lebten, und so ging ich als Erstes zu Renate, aber sie war nicht in ihrem Zimmer. Ich traf sie wie auch einige andere Gäst:innen im Wohnzimmer an. Der Ehemann einer Verstorbenen (die ich auch fast ein halbes Jahr lang begleitet hatte), hatte zwei große Platten mit Tortenstücken für alle Gäste und Mitarbeitenden gebracht. Er erzählte von der „schönen" Beerdigung im Friedwald und von seiner verstorbenen Frau. Trauerarbeit für die Angehörigen gehört im Hospiz selbstverständlich dazu. Manchmal über Wochen und Monate hinaus. Jedes Jahr gibt es im November einen Erinnerungsgottesdienst, bei dem die Namen der Verstorbenen vorgelesen werden, eine Kerze entzündet und ein individuell, personalisiert bemalter Erinnerungsstein den Angehörigen übergeben wird. Zwei Gottesdienste habe ich schon mitgefeiert und es war jedes Mal sehr anrührend und emotional. Abschiede zu gestalten ist sehr wichtig, denn es ist ein Teil des Trauerprozesses und damit Teil der Bewältigung.

Renate saß im Rollstuhl mit am Tisch, aß von dem Kuchen und hörte zu. Sonst unterhielt sie sich gerne, aber heute schwieg sie. Sie kannte die Verstorbene gut, denn sie waren fast zeitgleich angekommen. Nach nur kurzer Zeit rollte sie mit ihrem Rollstuhl zurück in ihr Zimmer. Wir haben uns nur kurz zugenickt und ich besuchte sie an diesem Tag nicht noch einmal in ihrem Zimmer. Sie wollte offensichtlich allein sein. In der darauffolgenden Woche war Renate wie immer gut gelaunt. Sie begrüßte mich mit einem Lachen. Von meinen neu erstandenen Karten suchte sie sich vier Stück aus. Eine davon wollte sie gleich schreiben. Da ich inzwischen wusste, dass sie nicht gerne formulierte, machte ich Vorschläge und sie war immer einverstanden. Dann erzählte sie von ihrer Shoppingtour mit ihrer Tochter. Sie hatte weiteren „Dekokram" gekauft, obwohl ihr Zimmer bereits gut damit gefüllt war. Zwei hüfthohe Giraffen standen jeweils rechts und links von ihrem Bett. Egal – hier darf jeder sein Zimmer so gestalten, wie er es möchte. Wir plauderten über dies und das. Belangloses. Wenn ich nicht gewusst hätte, dass Renate eine sterbende Frau in einem Hospiz war, hätte ich gedacht, dass es ein Gespräch mit einer Nachbarin über den Gartenzaun war. Ich fand es wunderbar, dass die

Gäst:innen hier manchmal das Gefühl von „Alltag“ erlebten.

Am nächsten Montag traf ich Renate wieder im Wohnzimmer. Neben ihr war eine FSJlerin, eine weitere Gästin und eine sehr nette Pflegefachkraft. Sie alle waren damit beschäftigt, mit Servietten Gläser zu bekleben. Sofort wurde ich „verhaftet“, um mitzumachen. Ich sträubte mich ein bisschen, weil das nun wirklich nicht mein Ding war, aber gegen die vier kam ich nicht an. Und so beklebten wir unter Gekicher und Geplauder Gläser, die später mit Blumen in allen Zimmern verteilt wurden. Als ich nach Hause ging, war ich mal wieder dankbar, Teil des Teams sein zu dürfen – es veränderte meinen Blick auf die manchmal anstrengenden Alltäglichkeiten.

In den nächsten Wochen traf ich Renate wenig an – wenn, dann immer nur kurz. Sie war sehr beschäftigt, hatte immer irgendetwas zu tun, war unterwegs oder hatte Besuch. Ihr Kopfverband wurde immer größer und die Tücher darum immer bunter. Jedes Mal begrüßte sie mich herzlich, immer fragte sie, wie es mir (!) ging, und war stets bestens gelaunt. Ich wusste, dass sie ein schweres Leben hatte. Möglicherweise ging es hier im Hospiz so entspannt für sie zu wie selten in ihrem Leben. Sie musste sich um nichts und niemanden kümmern und konnte das tun, was sie mochte. Das schien sie regelrecht zu genießen.

Eines Nachmittags traf ich eine andere Ehrenamtliche. Ich nenne sie „die Blumenfee“, weil sie unter anderem jede Woche für jede Gäst:in, für jeden Flur, für jeden Raum inklusive des Raums der Stille, Wohnzimmer und Besprechungszimmer sehr liebevoll Blumengestecke fertigte, die sie mit Gräsern, Kräutern, Zweigen und einzelnen Blumen je nach Jahreszeit so schön gestaltete, wie ich sie nicht einmal in Floristikläden gesehen habe. Wir trafen uns öfter und natürlich auch bei den Teambesprechungen für uns Ehrenamtliche, die es jeden Monat gibt. Wir gerieten ins Plaudern und ich fragte, was sie eigentlich antrieb, jede Woche hier ehrenamtlich tätig zu sein, da ich wusste, dass sie auch in der ambulanten hospizlichen Begleitung tätig war – und das schon seit vielen Jahren. „Das gehört sich so", war ihre schlichte und zu Herzen gehende Begründung. Ich konnte nur sprachlos nicken und war beeindruckt und dankbar, dass ich hier immer wieder wunderbaren Menschen mit weiten Herzen begegnen durfte.

Ein paar Wochen später traf ich Renate endlich mal wieder in ihrem Zimmer an und sie lachte mir wie immer entgegen. Sie winkte mir, ihr auf die Terrasse zu folgen, dort war ein großer Sonnenschirm aufgespannt und ein noch größeres Meer aus Blumentöpfen mit unterschiedlichen blühenden Pflanzen umrahmte die kleine Fläche. „Wow, was für ein Garten Eden", entfuhr es mir. Dann unterhielten wir uns über Belangloses und ich bewunderte ihre sorgfältig knallrot lackierten Fingernägel. Ich versprach, das nächste Mal meinen türkisfarbenen Nagellack mitzubringen. Wie immer ließ sich Renate nicht wirklich in die Karten schauen – über ihren Gemütszustand sagte sie nichts. Das hatte ich zu respektieren. Ich war mir sicher, dass Renate etwas sagen würde, wenn es so weit wäre. Wir verabschiedeten uns lachend.

In den darauffolgenden Wochen sahen wir uns wieder nur sporadisch, aber es war immer ein herzliches „Hallo". Gegen Ende des Sommers traf ich Renate mal wieder auf der Terrasse und sie wirkte auf mich noch kleiner als ohnehin schon. Der Kopfverband war noch größer und ein paar graue Strähnen ragten darunter hervor. Sie begrüßte mich, war aber ansonsten nicht sehr gesprächig und ich fragte, wie es ihr gehe. „Ich bin müde", sagte sie leise. Ich nickte nur und war mir nicht ganz sicher, was genau sie damit meinte. Im Grunde spielte es auch keine Rolle, denn so oder so war es für mich ein Hinweis, dass ich gehen sollte. Das tat ich dann auch ohne Vorbehalte, denn nur sie bestimmte über ihre noch verbleibende Zeit.

Etwas später unterhielt ich mich mit einer sehr netten Pflegefachkraft über das Sterben hier im Hospiz und darüber, dass hier jeder seinen eigenen Weg finden musste, um sich von dieser Welt zu verabschieden. Renate sprach sehr wenig darüber, aber das wurde natürlich akzeptiert und respektiert. Ich wusste, dass die Menschen, die hier im Pflegebereich arbeiteten, sehr schnell nach der Aufnahme der Gäst:innen das Gespräch darüber suchten, wie sie ihr Sterben – soweit möglich –gestalten wollten. Einige kauften extra schöne Kleidung, die sie nach dem Tod tragen wollen, und manche Gäst:innen redeten nur sehr wenig über ihr Sterben und den Tod – so wie Renate. Dann sagte die Kollegin noch etwas sehr Schönes, was mich tief berührte: „Hier darf jeder in seiner Wahrheit gehen." Das entsprach genau dem, was der hospizliche Grundgedanke ist. Es geht nicht darum, wie wir Begleitenden uns den Sterbeprozess vorstellen, sondern dass jede:r für sich entscheiden darf, was für sie oder ihn angemessen ist.

Bei meinem nächsten Besuch zwei Wochen später traf ich Renate wieder in sehr nachdenklicher Stimmung an. Sie lachte mir auch nicht wie sonst entgegen. Ihre Stimmung schien sich zu verändern, aber es ging ihr auch merklich schlechter, habe ich bei der Begrüßung durch die Pflegefachkraft erfahren. Sie schlief sehr viel, aß weniger und kam nicht mehr so oft ins Wohnzimmer. Sie zog sich zurück ... Renate erzählte mir, dass eine Gäst:in gestorben wäre. Sie war immer noch bestens informiert über das, was hier im Haus so vor sich ging. Ich nickte und sagte, dass ich sie gut gekannt hätte. „Sie ist bei Glockengeläut gestorben ... sie hat sehr gekämpft." Schweigen. Ich wartete, ob sie noch etwas sagte – erzählte – etwas, was sie beschäftigte ... tat sie aber nicht und ich fragte nicht nach. Renate sagte immer genau so viel wie nötig. Sie bat mich, nächstes Mal wieder eine Auswahl von Karten mitzubringen. Sie wollte noch ein paar Menschen schreiben.

Als ich in der darauffolgenden Woche bei ihr klopfte, erhielt ich keine Antwort. Ich überlegte, ob ich sie im Wohnzimmer finden würde, öffnete aber dann doch vorsichtig die Tür. Vielleicht hatte sie mich nicht gehört – und richtig: Sie saß vornüber gebeugt im Rollstuhl am Tisch und schlief. Da ich von der Pflegefachkraft wusste, dass sie auf mich gewartet hatte, um zu schreiben, entschloss ich mich, gegen meine eigene Regel zu verstoßen, niemanden zu wecken, und trat an sie heran. Renate hob den Kopf und strahlte mich sofort an. „Entschuldige, jetzt habe ich dich geweckt", begrüßte ich sie. „Nee, ich habe nicht geschlafen", schwindelte sie. Ich lächelte und wir beide wussten, dass ich sie durchschaut hatte. Dann setzte ich mich zu ihr an den Tisch und zeigte ihr die mitgebrachten Karten. Ihr Interesse hielt sich in Grenzen und sie beachtete sie kaum. Nein, schreiben wolle sie heute nicht. Nächstes Mal. Okay.

Einer Intuition folgend – auf die ich als eigentlich sehr rationaler Mensch hier zunehmend höre –, bat ich Renate, noch einmal die Augen zu schließen und mir ihre Hand zu geben. Sie war irritiert, ließ sich aber darauf ein. Dann ließ ich einen schweren Bronzeengel in ihre Hand gleiten. Überrascht und etwas erschrocken öffnete sie die Augen und schaute auf ihre Hand.

Lange sah sie den Engel schweigend an und hielt ihn sich dann sehr nah vor ihr nicht verbundenes Auge. „Der ist sehr schön … danke!“, flüsterte sie und schloss ihre Hand fest darum. Dann blinzelte sie noch zwei, drei Male, sah mich an, nickte und sagte dann, dass sie doch schreiben wollte. Ich war überrascht, ließ mir aber nichts anmerken und so schrieben wir zwei Karten. Auf einer war ein Schmetterling. Wie immer hatte sie mit sehr viel Bedacht die Karten ausgewählt, beim Formulieren half ich ihr. „Bis nächsten Montag!“, verabschiedete sie sich wieder einmal lächelnd von mir und hielt dabei den Bronzeengel hoch. Er würde einige Wochen später neben ihrem Totenbett stehen.

Luise

Manchen Gäst:innen begegne ich mehrfach – manchmal über einen längeren Zeitraum. Manchen begegne ich nur ein oder zwei Mal. Manchmal dauern die Besuche nur wenige Minuten, manchmal eine Stunde lang. Ich weiß natürlich im Vorfeld nicht, was mich erwartet, und das ist auch gut so. Bei jedem Treffen lerne ich dazu, und ich bin dankbar für die Zeit, die ich hier sein darf. Ich versuche, mir immer in Erinnerung zu rufen, dass es sich bei einer Verabschiedung nach einem Besuch möglicherweise um die letzte handelt.

Diesmal bat mich eine Pflegefachkraft, zu Luise zu gehen. Sie hatte sonst immer rund um die Uhr Angehörige bei sich. Aber heute sei gerade niemand da. Also ging ich nach dem Anklopfen, auf das ich keine Antwort erhielt, in das Zimmer. Eine kleine Frau mit sehr gelber Hautfarbe durch ihr Leberversagen und mit einem stark aufgebähten Bauch durch eine Aszites lag etwas verdreht in einem Nest aus Kissen und Decken. Ihre Augen quollen hervor und irrlichterten durch den Raum. Ihr rechter sehr dürrer Arm war wie ein Ausrufungszeichen in die Luft gestreckt, so, als wollte sie nach etwas greifen.

Ich begrüßte sie, zog mir einen Stuhl heran, sodass Luise mich sehen konnte. Ich glaubte aber, dass sie mich nicht wirklich wahrnahm … oder doch?! Auf dem Nachtschrank stand ein blauer Plüschelefant, den ich hier ein bisschen gruselig fand. Ich sagte meinen Namen und dass ich ein bisschen bleiben würde, wenn es ihr recht wäre. Keine Reaktion. Die Augen wanderten weiter durchs Zimmer. Ich berührte sanft den ausgestreckten Arm, da ich vermutete, dass es sehr anstrengend war, ihn permanent so hochzuhalten. Er ließ sich kaum bewegen und schnellte wieder in die Ausgangsposition zurück. Die Haut war kalt und ich konnte jeden Knochen spüren. Also streichelte ich nur vorsichtig über ihren Arm und für einen Moment bildete ich mir ein, dass sie mich ansah. Aber dann war dieser Moment auch schon wieder vorbei.

Ich überlegte, ob ich laut ein Vaterunser sprechen sollte, ließ es aber, weil ich absolut nichts über diese Frau wusste, und betete es einfach in Gedanken. Ich blieb eine kleine Weile und verabschiedete mich dann von Luise. Als ich an der Tür war, drehte ich mich noch einmal um, weil ich ein schlechtes Gewissen hatte. Ich konnte nichts für diese sterbende Frau tun … nur für einen kurzen Moment bei ihr sein.

Erwin

Ich war bei einer Gästin, als ich über die offenen Terassentür lautes Rufen aus dem Nachbarzimmer hörte. „Hallo, hallo, hallo!“ Es klang verzweifelt. Ich entschuldigte mich kurz bei der Dame und ging über die Terrasse in das Nachbarzimmer. Dort fand ich einen Mann vor – so um die fünfzig, wobei das hier immer sehr schlecht zu schätzen ist –, der versuchte, sich aus dem Bett zu befreien. Die Bettgitter waren als Sturzprophylaxe hochgeklappt und es war ihm irgendwie gelungen, seine Beine zwischen den Stäben so zu verknoten, dass er sich nicht selbst befreien konnte.

Unangemessenerweise musste ich schmunzeln. Ich versuchte ihm zu helfen, so gut es ging, ohne ihm wehzutun und redete beruhigend auf ihn ein, denn offenbar wollte er dringend irgendwohin. Da ich ihn nicht beruhigen konnte, drückte ich auf den Klingelknopf und eine hilfsbereite Pflegefachkraft kam sehr schnell dazu. Zu zweit fädelten wir Erwins Beine wieder aus dem Gitter und vereinbarten, dass er jetzt im Rollstuhl ins Wohnzimmer konnte. Ich versprach, ihn nachher dort zu treffen. Dann ging ich zurück zu meinem vorherigen Besuch.

Als ich etwas später ins Wohnzimmer kam, saß Erwin am Wohnzimmertisch. Vorher hatte mich die Kollegin informiert:

Erwin wollte eine Karte an seine Tochter schreiben. Sie hatte am nächsten Tag Geburtstag und plante, mit ihrem Vater im Hospiz zu feiern. Ich setzte mich links neben ihn und stellte mich vor. Von der diensthabenden Schwester wusste ich, dass er desorientiert war. Ich fragte ihn, ob wir gemeinsam eine Karte für seine Tochter zum Geburtstag schreiben wollten, und prompt sagt er: „Nee, die weiß doch, dass sie Geburtstag hat." Dem hatte ich nichts entgegenzusetzen und so wechselte ich erst einmal das Thema. Wie es ihm gehe und was er gerne möge. Irritiert sah Erwin mich an, als hätte ich von Einhörnern gesprochen. Stattdessen befragte er mich zu meiner Meinung über Pyramiden. Jetzt guckte ich irritiert, erklärte ihm aber, dass ich leider außer im Fernsehen noch keine gesehen hätte. Aber dass ich sie für wahnsinnig tolle und geheimnisvolle Kunstwerke hielte. „Ja, genau", bestätigte Erwin meine Aussage. „Aber wie wurden sie gebaut? Wie wurden die riesigen Quader transportiert? Mit einer Rampe – oder getragen, gerollt oder hingeflogen? Was meinst du?" Er redete sich in Begeisterung und ich Unwissende zuckte mit den Schultern und hörte seinem Vortrag zu altägyptischen Bauweisen sprachlos zu ...

Dann versuchte ich noch einmal, die Geburtstagskarte ins Spiel zu bringen, aber er winkte erneut ab. „Schreib du sie. Mir ist das egal ..." „Deine Tochter würde sich sicher freuen", versuchte ich es ein letztes Mal, aber Erwin war immer noch in Ägypten unterwegs und sprach von Kinderseelen, Rampen und Wolkengebilden. Ich suchte also eine Karte heraus, sagte, was ich schreiben wollte, und versuchte, von Erwin eine Bestätigung oder gar eigene Sätze hervorzulocken. „Ja, ja, das ist gut! Und sie soll alles wegwinken, was man ihr Unnützes sagt", diktierte er mir dann doch. Das freute mich, auch wenn ich den Satz nicht verstand, ging ich davon aus, dass die Tochter wusste, was ihr Papa damit sagen wollte. Also schrieb ich ihn genau so auf. „Noch etwas? Vielleicht, dass du sie lieb hast …?“

Ich ahnte, dass dies die letzte Karte an seine Tochter sein würde, die für sie vielleicht eine große Bedeutung haben könnte. Hier brach ich wieder einmal meine „goldene Regel“ – mittlerweile ist es eigentlich keine Regel mehr, denn ich werde öfter gebeten, etwas vorzuformulieren. Erwin fehlten offensichtlich die Worte, und damit konnte ich aushelfen. „Das weiß sie doch!“, wiederholte er und fing an zu weinen. Sofort hatte ich ein schlechtes Gewissen und schob ihm die Karte zu, damit er unterschreiben konnte, was er auch schwungvoll tat. Währenddessen schrieb ich den Namen der Tochter auf den Umschlag und sah, dass Erwin eine Wellenlinie auf die Karte gesetzt hatte. Dann verabschiedete ich mich und sagte ihm, dass ich nächsten Montag wiederkommen würde. „Au ja“, freute er sich, wandte sich einer anderen Gästin zu und fragte sie: „Was meinst du, wie wurden die Pyramiden gebaut?“

Bei meinem nächsten Besuch traf ich Erwin wieder im Wohnzimmer am Tisch, mit einer dampfenden Tasse Kaffee und einem Stück Kuchen vor sich. Er zerkrümelte ihn komplett und aß nicht einen Bissen. Er hatte einen Bluterguss unter dem linken Auge. Er war wieder über das Bettgitter geklettert und dabei gestürzt. Daraufhin haben die Pflegefachkräfte seine Matratze auf den Boden gelegt und dort schlief er jetzt jede Nacht sehr gut. Mich beeindruckte es sehr, wie konsequent hier die Wünsche der Gäst:innen umgesetzt wurden, auch wenn sie „unorthodox“ waren. Im Krankenhaus wäre das undenkbar – unter anderem aus hygienischen Gründen. Ich fragte Erwin nach der Lage der Matratze und er erklärte mir sofort, dass er jetzt viel besser schlafe und so die Wellen des Meeres besser spüre. Aha!

Eine Pflegefachkraft brachte eine Frau im Rollstuhl herein und schob sie ans andere Tischende. Dann kam sie zu Erwin und mir, zwinkerte mir zu und fragte, ob er noch etwas brauchte. Er schüttelte den Kopf, wandte sich mir zu und redete weiter, ohne dass es einen Bezug zu dem vorherigen Gespräch hatte: „Das ist nicht das richtige Wort, aber ich weiß kein anderes ... ich war Raumteiler ... nein, ich meine was anderes ... ich habe Leute gekauft. Nee, gesagt, was sie tun sollen ...“, verhaspelte er sich. „Das war in Südafrika ... Baumwurzeln ...“ Ich merkte ihm seine Verzweiflung an, weil er selber merkte, dass das alles nicht so recht zusammenpasste, was er sagte. Ich mag mir nicht vorstellen, wie es ist, etwas ausdrücken zu wollen, und es kommen immer die falschen Worte heraus. Ich fragte nochmals nach, aber er wiederholte nur die Sätze von vorher. Dann sagte er: „Verantwortung ... ich habe Zedernholz ...“ Dabei machte er eine drehende Handbewegung. „... gedrechselt?“, vervollständigte ich ratend den Satz. Erwin wurde ärgerlich: „Nein! Verantwortung ... Leiter!“

Ich merkte, dass wir nicht weiterkamen, und wechselte wieder das Thema. Ob er nächste Woche noch einmal etwas schreiben wollte, an seine Tochter zum Beispiel? Erwin sah mich wieder an, als wäre ich von einem anderen Stern. „Das ist nicht das richtige Wort!“, schimpfte er und ärgerlich zerkrümelte er seinen Kuchen noch mehr. Die Pflegefachkraft am anderen Ende des Tisches zuckte auf meinen verzweifelten Blick hin mit den Schultern. Ich verabschiedete mich von Erwin, weil ich ihn nicht noch mehr aufbringen wollte. Strahlend lächelte er mich dann plötzlich an, umfasste meine Hand mit seinen beiden Händen und sagte: „Ich freu mich wahnsinnig auf deinen nächsten Besuch!“... den es nicht mehr gab, da er ein paar Tage später im Beisein seiner Tochter verstarb.

Jenny

An diesem Montag ging ich als Erstes ins Wohnzimmer, aus dem mir Gelächter und Stimmen entgegenschallten. Mehrere Gäst:innen saßen am Tisch und spielten Rommé. Ich kannte sie alle und ich wurde mit lautem Hallo begrüßt. Eine Schwester saß dort neben einer sehr jungen Frau mit tizianroten, langen Haaren, die aufgeregt an ihrem Handy herumdrückte. Sie murmelte etwas Unverständliches. Ich setzte mich neben sie, stellte mich vor und wartete, ob sie etwas sagte. Sie beachtete mich nicht. „Das ist Jennifer ... Jenny. Sie ist seit vorgestern bei uns. Sie ist 39 Jahre alt“, erfuhr ich.

Jenny tippte weiter hektisch auf dem Handy herum. Vor ihr stand ein angebissenes Stück Kuchen. Vorsichtig berührte ich ihren Arm und stellte mich vor: „Hallo, Jenny. Ich bin Corinna und Ehrenamtliche hier.“ Jenny wandte sich mir zu und redete unzusammenhängende Sätze. Es passte alles nicht recht zusammen – ihre kognitiven Fähigkeiten waren eingeschränkt. „Sie versucht, mit ihrem Freund zu telefonieren“, erklärte mir die Schwester, die direkt neben Jenny saß. „Sie hat schon achtmal angerufen ...“ Dennoch half sie Jenny erneut sehr liebevoll beim Bedienen des Handys. Das beruhigte Jenny etwas, und sie nuschelte etwas Unverständliches in ihr Handy. Es schien ihr sehr wichtig zu sein, mit ihrem Freund zu sprechen. Einzelnen

Fragmenten entnahm ich, dass sie wusste, dass sie bereits sehr oft angerufen hatte, aber es jetzt ganz dringend sei, mit ihm zu sprechen ... Ich hatte natürlich keine Ahnung, wie ihr Verhältnis zueinander war, hoffte aber, dass ihr Freund ihren Weg mitgehen würde.

Ich nahm mir vor, mich in den nächsten Wochen mehr um sie zu kümmern, denn heute brauchte sie mich offensichtlich nicht – sie hatte Wichtigeres zu tun. Ich lernte Jenny leider nicht näher kennen, denn als ich ein paar Tage später die Zeitung aufschlug, las ich ihre Todesanzeige.

Adelheid

Man sagt: Sterben hat keine Würde. Nun, das erlebe ich hier im Hospiz völlig anders und besonders bei meinem ersten Besuch und auch bei allen folgenden bei Adelheid: Eine Königin hätte nicht hoheitsvoller in dem Liegesessel thronen können ... Auch der Gesichtsausdruck, als ich nach mehrfachem Klopfen eintrat, passte zu einer Königin: leicht gelangweilt und betont desinteressiert. Neben ihr stand ein Klapp-Servierwagen, den es in den 70ern in fast jedem Haushalt gab. Darauf lagen ein Notizbuch, Fotos und ein Taschentuch aus Stoff mit umhäkeltem Rand.

Von der Tür aus versuchte ich, mich vorzustellen, aber Adelheid unterbrach mich, winkte mich heran und verlangte, ich solle lauter sprechen – sie höre nicht mehr gut. Ein Lächeln verkniff ich mir, aber zugegebenermaßen stand ich jetzt etwas gerader und wiederholte lauter und sehr deutlich den angefangenen Satz. Sie nickte und wies mir mit einem Kopfnicken einen Platz auf einem Stuhl in der Nähe zu. Ich setzte erneut an und beschrieb, was ich ihr anbieten konnte – für sie zu schreiben. „Das kann ich selber“, erklärte sie mir nachdrücklich und deutete auf das Notizbuch. Auf ihrem Sideboard standen vier Fotos. Als sie merkte, dass mein Blick darauf fiel, erzählte sie sofort, wer das war. Zwei ihrer drei Töchter sind jung gestorben, eine durch einen Unfall, die andere an Krebs. Zu ihrer letzten lebenden Tochter hatte sie keinen Kontakt – ich fragte nicht nach – und auf dem letzten Foto sei ihr Ehemann – auch tot.

Das klang alles sehr sachlich, aber ich glaubte, eine Traurigkeit in ihrer Stimme zu hören. Jetzt hätte sie einen „Partner", dabei zuckte sie vielsagend mit den Schultern. Ich war schwer beeindruckt, welche eine „Power" in dieser todkranken Lady steckte. Ich hörte ihren Erzählungen weiter gespannt zu. Sie sprach von ihrer Erkrankung, zeigte mir eine große Beule unter dem Schlüsselbein – eine Metastase –, schimpfte über die Ärzte und die Ungerechtigkeit, dass sie so krank sei und sterben müsste. Ja, da hatte Adelheid recht – es war ungerecht, aber niemand würde etwas daran ändern können. Wir konnten sie nur auf ihrem Weg begleiten.

Dann sprach sie weiter über ihr Leben, die Liebe, ihre Ehe und ihre Beziehung und alles, was dazugehörte. Sie sprach sehr offen, denn im Angesicht des nahen Todes gab es keine Tabus für sie. Also gab es auch keinen Grund für mich, irritiert zu sein. Offenheit, alles auszusprechen, was sie bewegte, war ihr Privileg hier und ich hörte einfach nur zu – denn einen Kommentar meinerseits hätte Adelheid eh nicht geduldet oder toleriert. Sie hielt Rückschau und wie so oft empfand ich Dankbarkeit und ein Gefühl des Beschenkt-Seins, dass ich so viel von ihrer Lebensgeschichte hören durfte und sie mich mitnahm auf die Reise durch ihr Leben. Nach etwas mehr als einer Stunde wurde ich von der Dame entlassen, die sich meinen Namen in ihrem Heft notierte und mir „gestattete", nächste Woche wiederzukommen. Wieder einmal war ich beeindruckt, wie sich hier Begegnungen entwickelten – von Ablehnung zu der Bitte, doch nächste Woche wiederzukommen. Hier war einfach alles möglich. Auf dem Weg zu Tür rief sie mir nach, ich möge doch „nach einer Schwester schicken“.

Bei meinem nächsten Besuch schlief Adelheid, und ich weckte sie nicht. Der darauffolgende Montag war ein „Mal-Tag“ mit Acrylfarben und er fand großen Anklang. Ich hatte mit der Sozialarbeiterin und der neuen FSJlerin vereinbart, diesen kreativen Nachmittag noch einmal anzubieten. Und ich war überrascht, wie groß die Resonanz auch dieses Mal war. Wir waren acht Menschen, drei Pflegefachkräfte und fünf Gäste. Das Verhältnis war perfekt, weil einige Gäst:innen etwas Unterstützung brauchten. Ich freute mich, als Adelheid im Rollstuhl hereingefahren wurde. Allerdings brummelte sie, noch bevor ich sie begrüßen konnte, dass sie gar nicht malen könne, keine Lust darauf habe und überhaupt ... Dann erklärte ich ganz allgemein, wie man Acrylfarben im sogenannten Pouring gießen kann, tupfen, pinseln, streichen oder klecksen. Nach fast zwei Stunden mit viel Gelächter und sehr farbenfrohen kleinen Kunstwerken war der kreative Nachmittag beendet und eine glücklich lächelnde Adelheid wurde wieder in ihr Zimmer gerollt. Sie drehte sich noch einmal um und zwinkerte mir zu. Dann war sie auch schon außer Sichtweite. Nur ihr „Heeee, nicht so schnell, das ist hier doch keine Rennbahn!“ war noch zu hören.

Irgendwie schien Adelheid mich als Teil des Teams akzeptiert zu haben, denn am nächsten Montag winkte sie mich gleich heran, als ich durch einen kleinen Spalt in der Tür schaute. Das freute mich sehr und enthusiastisch trat ich näher und nahm auf dem mir hoheitsvoll zugewiesenen Stuhl Platz. Dann erklärte sie mir, dass sie heute auf keinen Fall malen werde und überhaupt gehe es ihr schlecht. Das Essen sei eine Zumutung, sie habe ein Völlegefühl und der Bauch und alles tue ihr weh.

Als mein Blick nach links zur Kommode schweifte, sah ich, dass ihr gemaltes Bild sehr prominent dort platziert worden war. Sie bemerkte meinen Blick und hob nur eine Augenbraue. „Das kann ich hier ja nirgends aufhängen", beschwerte sie sich und ich zuckte nur mit den Schultern, da sie meine Meinung eh nicht hören wollte. Dann rülpste sie etwas undamenhaft, freute sich aber sichtlich und meinte: „Ach, wunderbar! Jetzt geht es mir besser. Du kannst jetzt gehen." Und damit war ich für heute entlassen.

Der nächste Besuch verlief ähnlich. Ich schien mich für Adelheid zur „allgemeinen Beschwerdestelle" zu entwickeln. Ich wusste aber, dass die Pflegefachkräfte sich Ähnliches anhören mussten. Adelheit war eine besondere Frau und keiner nahm es persönlich, wenn sie sich beklagte. Niemand musste sich hier „verbiegen". Als ich am nächsten Montag eintrat und fragte, ob ich störe, sagte Adelheit prompt: „Ja." Kein Wort des Grußes, keinen Blick gönnte sie mir. Ich blieb dennoch ungeniert stehen und wenn es auch nur war, um mir ihre Schimpftirade anzuhören. „Ich musste ganz früh aufstehen, weil der Friseur kam." Die Nudeln heute Mittag waren zu „al dente", wie immer seit drei Monaten, das Rätselheft war ihr zu schwer und ihr sei schlecht wegen der verschobenen Essenszeiten. Und irgendeinen „Kram" würde sie auf keinem Fall mitmachen. Ich hörte schweigend zu und biss mir auf die Lippen, um nichts zu tun oder zu sagen, was sie weiter in Rage bringen würde. Ich nickte Adelheit stattdessen zustimmend zu und sagte ihr, dass sie alle Optionen habe, falls sie sich noch zu irgendetwas umentscheiden wolle. Das wurde nicht kommentiert, denn Adelheid hatte sich schon wieder ihrem Rätselheft zugewandt. „Tschüss – bin nächsten Montag wieder da", verabschiedete ich mich, wohl wissend, dass ich keine Antwort bekommen würde. Ich mochte diese kapriziöse Dame sehr! Die nächsten „Audienzen", die mir gewährt wurden, verliefen ähnlich. Nichts war ihr recht, Hilfe forderte Adelheit aber immer wieder ein. Einmal durfte ich ihr sogar ihre Fingernägel lackieren. Im Laufe der nächsten Wochen wurde sie immer dünner, kleiner und durchsichtiger. Ihre Haare waren onduliert, die Fingernägel in einer anderen Farbe lackiert und sie war adrett angezogen. Über ihren Beinen lag eine elegante Decke. Meine Frage, wie es ihr gehe, beantwortete sie mit: „Ich kann gar nichts mehr – ich kann nichts essen und nicht mal zum Klo komme ich alleine. Kein Input und kein Output." Ich nickte verstehend, trat näher und fragte, ob ich mich setzen dürfe. „Nein", war ihre klare Antwort. Dieses Mal bemerkte sie mein Grinsen und wandte ihren Blick schnell zum Fenster. Ich fragte, ob ich nächsten Montag wieder vorbeikommen solle, aber sie machte nur eine vage Geste mit der Hand, die alles Mögliche bedeuten konnte. Auf dem Nachhauseweg wurde mir klar, dass Ehrlichkeit am Lebensende für manche Menschen offenbar einfacher wird, egal ob höflich oder nicht.

Jeder Besuch war wie eine Wundertüte, denn beim nächsten Mal überraschte mich Adelheit mit einem Redefluss. „Meine Tochter hätte heute Geburtstag – und Todestag. Verrückt. Am selben Tag." Dann sagte sie etwas, was mich überraschte. „Dein Wille geschehe ... so sagt man doch, oder? Es ist eine schwere Bitte – die schwerste, finde ich." Ich nickte nur. Eine Antwort brauchte es hier mal wieder nicht. Gedanklich hing ich ihren Worten noch nach, denn ich kannte diese Bitte aus meiner eigenen Biografie nur zu gut. Aber jetzt ging es um Adelheid und ich konzentrierte mich wieder auf ihre Worte. Sie sah mich lange schweigend an, dann drehte sie den Kopf wieder zum Fenster und ich ahnte, dass die Audienz zu Ende war. „Du kannst jetzt gehen", erlaubte sie mir dann auch prompt und ich sprang sofort von meinem Hocker auf. „Bis nächste Woche“, verabschiedete ich mich. „Von mir aus ..., wenn ich dann noch da bin“, brummelte sie und ich schloss leise die Tür. Die nächste zwei Wochen traf ich sie nur schlafend an. Ihre Wangen waren eingefallen, und ich blieb einen Moment im Zimmer stehen, um zu schauen, ob sie noch atmete. Ja, ihre Zeit war noch nicht um. Im Wohnzimmer lag ein sehr schönes Glaskreuz mit dem Psalm 23 vom Guten Hirten auf dem Wohnzimmertisch. Ich las ihn leise, obwohl ich ihn auswendig kenne, und merkte, wie die bekannten Worte in mir nachhallten.

Bei der nächsten „Adelheid-Audienz“ traf ich sie wach an, die einst so gepflegte Dame saß jetzt in einer locker sitzenden Jogginghose und einem zu weiten Pulli im Sessel. Falls überhaupt möglich, schien sie noch dünner zu sein. Ihre Wangenknochen stachen fast durch die blasse Haut und ihre Lippen waren blutleer. Sie winkte ab, als ich nähertrat, und sagte: „Das ist doch kein Leben mehr.“ Ich widersprach nicht, denn das würde sie nicht dulden, und natürlich war ihre Sicht auf ihr Leben absolut legitim. Ich blieb noch ein paar Minuten, aber wir redeten nicht. Es brauchte keine Worte. Ich verabschiedete mich mit einer Gebetsgeste, winkte und ging zu meinem nächsten Besuch. Eine Woche später brannte die Kerze im Eingangsbereich. Die „Grande Dame“ hatte diese Welt verlassen.

Insgesamt habe ich Adelheid über ein halbes Jahr begleiten dürfen, und ihre Würde, die sie bis zum Schluss ausstrahlte, wird mir unvergessen bleiben.

Alice

Ich wurde wie immer herzlich mit: „Schön, dass du da bist." begrüßt. Das zauberte sofort ein Lächeln in mein Gesicht, und ich atmete tief durch, weil mir das sehr hilft und mich ermutigt, mich auf das, was mir hier begegnet, einzulassen. Ich weiß, dass ich jederzeit mit den Pflegefachkräften über das reden kann, was mich beschäftigt. Über die Inhalte der Briefe spreche ich allerdings nicht – das fällt unter das Briefgeheimnis –, es sei denn, mir wurde die Erlaubnis dazu erteilt.

Es gab mehrere neue Gäst:innen im Hospiz. Eine davon war Alice. Sie war 85 Jahre alt und hatte rotbraun gefärbte Haare, die zu einer Turmfrisur oben auf ihrem Kopf drapiert waren. Sie sah sehr würdevoll aus, wie sie durch mehrere Kissen gestützt in einem Rollstuhl aufmerksam ihrer Tochter zuhörte, die ihr offensichtlich gerade etwas Wichtiges erzählte. Ich wollte nicht stören und sagte, dass ich später wiederkäme, aber die Tochter bat mich zu bleiben. Sie hätten mich schon erwartet. Sie fing gleich an zu erzählen, dass die Mutter nicht alleine zu Hause bleiben könne, weil es ihr immer schlechter gehe, und ihr Vater – also der Ehemann von Alice – heute aus dem Krankenhaus in ein Pflegeheim gebracht würde. Auch er war schwer krank. Für den Moment musste ich „nur" zuhören, denn die Tochter hatte offensichtlich das Bedürfnis, alles auszusprechen, was ihr auf der Seele lag. Sie brauchte eine neutrale Zuhörerin, ein Statement von mir erwartete sie nicht. Meine Meinung war hier auch nicht wichtig, denn die Tochter hatte offensichtliche alles perfekt geregelt und organisiert.

Sie wirkte erschöpft, was kein Wunder war. Ich weiß aus eigener Erfahrung, wie aufwendig die Organisation eines Heimplatzes und die ganze Bürokratie dazu sein kann. Die emotionale Belastung machte es zudem nicht einfacher, ein Elternteil in ein Pflegeheim oder Hospiz zu bringen. Dass dies oft eine Entlastung für beide Seiten ist, nehmen die meisten erst später wahr. Die Tochter von Alice pendelte zwischen der Wohnung der Eltern, dem Hospiz, dem Krankenhaus und nun dem Pflegeheim hin und her. Der „Umzug" musste begleitet werden. Mich beeindruckte das Organisationstalent der Tochter und das sagte ich ihr auch. Sie freute sich sichtlich darüber. Hier wurde mir mal wieder bewusst, dass es sehr oft auch um die Begleitung der Angehörigen geht, auch wenn die Gäst:innen im Vordergrund stehen. Ab und zu warf Alice ein paar Worte ein: „Tochter schwer – viel Stress." Liebevoll strich sie ihr dabei über den Arm.

Alice hatte neben ihre Hauptdiagnose noch eine dementielle Erkrankung, erfuhr ich von der Tochter. Alice wiederholte diese Worte mindestens 20-mal. Dann sprach die Tochter weiter und erzählte von ihrer emotionalen, psychischen und körperlichen Erschöpfung. Nach etwa einer halben Stunde stoppte die Tochter, atmete tief ein und aus und sagte: „Danke fürs Zuhören. Das tat gut." Dann verabschiedete sie sich liebevoll von Alice und sagte, dass sie jetzt zu „Papa" fahre. Das hatte Alice wohl verstanden, denn sie nickte und sagte wieder: „Tochter viel Stress." Als die Tochter draußen war, blieb ich noch einen

Moment, aber die Kommunikation war schwierig. Alice schlief immer wieder ein, und ihr Deutsch war nicht gut. Spanisch spreche ich leider nicht. Als ich gehen wollte, rollte sie mir aber mit dem Rollstuhl hinterher. Sie wollte wohl nicht alleine sein, und ich fragte sie, ob ich sie ins Wohnzimmer fahren sollte. Sie nickte und dort trafen wir andere Gäst:innen und die Hauswirtschaftskraft, die Alice herzlich in Empfang nahm. Ich hatte diesmal wohl eher „Angehörigenbetreuung" gemacht, die aber genauso dazugehörte.

In der nächsten Woche traf ich Alice im Wohnzimmer an. Sie spielte mit einer anderen Gästin Karten. Ich musste lachen, denn ich glaube nicht, dass eine der beiden Damen die Spielregeln kannte. Es war aber egal, denn die beiden hatten sichtlich Spaß. Ich hatte gehofft, die Tochter zu treffen, aber sie war nicht da, und so ging ich zu einem anderen Gast. Ich hoffte, dass sie nicht mehr so viel Stress hatte und alles regeln konnte ... und hoffentlich auch etwas Ruhe gefunden hatte. Viele Angehörige sind nach langen und aufwendigen Begleitungen ihrer Liebsten erschöpft und benötigen ebenfalls Unterstützung. Die bekommen sie hier im Hospiz selbstverständlich mit. Als ich das nächste Mal kam, hing das türkisfarbene Herz an der Tür von Alice. Ich habe mich oft gefragt, wie es ihrer fürsorglichen Tochter weiter ergangen ist.

Hella

Wenn ich an der Eingangstüre läute, wird mir immer herzlich Einlass gewährt – so auch heute. Die Kollegin plauderte kurz mit mir über meine kürzlich gemachte Reise. Dann fragte sie mich, ob sie sich etwas von mir wünschen dürft. Ich musste lachen: „Natürlich darfst du dir etwas wünschen." „Kannst du zu einer neuen Gästin gehen? Sie ist zwar gestern erst angekommen, aber das wird mit euch beiden sicher passen." Sie erzählte mir in ein paar Sätzen das, was ich wissen musste. „Klar, dann gehe ich zu Hella. Mal sehen, ob sie Lust hat, sich mit mir zu unterhalten oder zu schreiben."

Eine recht junge, sehr dünne Frau mit leicht gelblicher Haut und kurzen blonden Haaren lag im Bett. Neben ihr stand ein Infusionsständer mit einem großen Beutel, in dem eine milchige Flüssigkeit war. Ein Infusionsschlauch führte unter die Bettdecke – in eine PEG, mutmaßte ich, eine Ernährungssonde. Eine Infusion lief über eine Braunüle in den Unterarm und ein Drainagebeutel hing am Bett. Daraus lief ein gelblich-grünes Sekret ab. Fast wie auf einer Intensivstation – nur, dass hier alles als Entlastung und nicht als Therapie ausgelegt war. Hella lächelte, als ich an ihr Bett trat und mich vorstellte und erzählte, was ich ihr anbieten konnte.

Sie war etwas perplex und bat mich, mir einen Stuhl heranzuziehen. „Daran habe ich noch gar nicht gedacht ..., dass ich etwas aufschreiben könnte – Tagebuch, Briefe. Das ist eigentlich eine gute Idee, das könnte ich tatsächlich noch machen." Kurz erklärte ich ihr, wie ich sie unterstützen konnte – mit einer Kladde für Tagebucheintragungen, mit Karten oder Briefpapier und dass sie mir etwas in die Feder diktieren konnte, falls ihr das Schreiben zu anstrengend wäre. Hella lächelte erfreut und begann zu erzählen: „Ich bin ganz frei. Ich wollte keine Therapie mehr. Meine Söhne sind traurig, aber jetzt ist es okay für sie. Meine Mutter war allerdings böse auf mich – sie hat mich gedrängt, die Therapie fortzusetzen. Aber ich kann und will nicht mehr. Ich verstehe sie allerdings gut – ich bin schließlich ihr Kind. Jetzt hat meine Mutter angerufen und mich freigegeben. Das ist eine Erleichterung für mich. Ich bin sehr froh und dankbar, denn jetzt kann ich in Frieden gehen ..."

Ihr Bett war zum Fenster gedreht, sodass ich nur einen Teil ihres Gesichtes sehen konnte, aber ich hatte den Eindruck, dass sie lächelte. Wir schwiegen einen Moment. Ich habe im Hospiz gelernt, dass Schweigen nicht unangenehm sein muss. Hier verbindet es oft.

„Kommst du wieder?" „Na klar! Soll ich dir eine Kladde, Karten und einen Stift dalassen?" Als Hella den Stift entgegennahm, lachte sie: „Oh, grün! Das passt gut – wie die Hoffnung. Ich werde meiner Mutter schreiben." Ich musste schmunzeln, sagte aber nichts. Eine Pflegefachkraft kam herein, um Schmerzmittel zu verabreichen. Hier muss niemand Schmerzen aushalten. Ich verabschiedete mich mit dem Versprechen, nächste Woche wiederzukommen. „Ich freu mich darauf", rief Hella mir nach.

Als ich am nächsten Montag im Vorraum wartete, saß dort schon eine Frau mit einem großen Rollkoffer und einem sehr netten holländischen Akzent. Sie sei zur Fußpflege da – bei Hella. Ich ging also erst zu einer anderen Gästin, die aber nur kurz mit mir sprach. Es ging ihr nicht gut. Dann klopfte ich bei Hella. Ich war am Sonntag extra angerufen worden, weil sie mit mir schreiben wollte. Hella lag im Bett, und es sah aus wie in einem Beautysalon. Die Frau von vorhin hatte einen riesigen Koffer, der sich in eine Art Tisch verwandeln ließ, aufgebaut. Ich begrüßte beide und fragte, ob ich später wiederkommen sollte. Beide sagten gleichzeitig „nein". Ich zog mir einen weiteren Stuhl an Hellas Bett. Dann räumte ich mir etwas Platz auf dem Nachtschränkchen frei, damit ich etwas schreiben konnte. Offensichtlich kannten sich die beiden gut, denn sie plauderten sehr vertraut. Weil es für Hella okay war, dass die Fußpflege-Dame dablieb, war es natürlich auch für mich okay. Zuerst überlegten wir gemeinsam, welche Nagellackfarbe für Hellas Füße passend wäre. Sie entschied sich für das knalligste Rot, das da war – ich hätte ebenfalls genau diese Farbe gewählt. Die Podologin war sehr warmherzig und ihr angenehmer holländischer Akzent ließ alles, was sie sagte, etwas lustiger erscheinen – und sie sagte wirklich sehr viel. Hella schwärmte von dem guten Gefühl hier sein zu dürfen, von der netten Nachtschwester, die sich so viel Zeit genommen hatte, und von der Hauswirtschafterin, die sie so gut getröstet hatte, und eigentlich vom gesamten Team, die alle so herzlich waren. Schließlich packte die Holländerin zusammen und verabschiedete sich von Hella und mir und wir winkten ihr nach.

Hella fühlte sich sichtlich wohl und betrachtete ihre Hände. Der Schlauch der Schmerzpumpe ragte aus ihrem T-Shirt. „Ich möchte einer früheren Nachbarin schreiben. Anrufen will ich sie nicht. Wir haben eigentlich nur losen Kontakt, aber ich möchte mich gerne von ihr verabschieden. Sie hat sich immer um meine Katzen gekümmert und ist schon 90 Jahre alt." Es wurden nur vier Sätze. Ich half ein bisschen bei den Formulierungen und Hella formulierte ein paar sehr herzliche Worte. Dann erzählte sie aus ihrem früheren Leben, von ihrem Ex-Mann, der auch in einem Hospiz gestorben sei, über ihre Söhne und über Anrufe von Menschen, mit denen es noch etwas zu klären gab. Sie sei jetzt mit sich im Reinen, zog Hella ein Fazit. Ein passender Moment für den Bronze-Engel. Sie freute sich sehr darüber und stellte fest, wie warm er in ihrer Hand wurde. „Es gibt noch eine passende Karte dazu. Die bringe ich dir noch", versprach ich. „Meine Mutter kommt morgen – das wird nicht einfach." Dann blickte sie wieder auf den Engel in ihrer Hand. Mehr sagte sie nicht dazu und ich fragte nicht nach. Hier gab jeder so viel preis, wie er für angemessen hielt. Es stand mir nicht zu, zu insistieren. Als ich mich verabschiedete, verabredeten wir uns für die nächste Woche.

Ich wollte die Karte für den Bronzeengel unbedingt noch zu Hella bringen und fuhr am nächsten Tag noch einmal ins Hospiz. Sie saß auf der Terrasse, rauchte und freute sich, mich zu sehen. Sie bat mich, Platz zu nehmen und zeigte mir ihre knallroten Fingernägel. „Habe ich selber gemacht", sagte sie stolz und bedankte sich noch einmal für meinen Besuch gestern, der ihr sehr gutgetan hatte. Ich gestand ihr, dass ich eigentlich die Beschenkte war, wenn ich hierherkam, dass ich hier so viel lernen und Menschen wie sie nicht vergessen würde. Das schien Hella zu freuen. Sie lachte und nickte. „Ja, das kann ich mir denken." „Bis Montag", verabschiedete ich mich. „Mal sehen", antwortete Hella und zwinkerte mir zu.

Das „Mal sehen" klang mir noch im Ohr, als ich ein paar Tage später eine Mail aus dem Hospiz erhielt und darin las, dass Hella am Sonntag gestorben war. Sie hat es also gewusst ...

Mathilde

Ich kam ins Dienstzimmer der Pflegefachkräfte, um mich für diesen Montag zu verabschieden. Die diensthabende Palliativärztin saß an einem der Schreibtische. Als sie mich sah, fragte sie mich, ob ich noch etwas Zeit hätte. Einer alten Dame würde ich vielleicht helfen können, denn es gebe eine „Unstimmigkeit“ mit einer Bekannten. Ich ahnte da noch nicht, dass der Ausdruck „Dame“ mehr als treffend war …

Wie eine Königin thronte Mathilde auf einem Stapel Kissen, die ihren Rücken stützten. Sie trug eine Sauerstoffbrille und rang trotzdem nach Atem. Ihre Haare waren ordentlich gekämmt, toupiert und in Wellen um ihren Kopf arrangiert. Es sah aus, als käme sie gerade vom Friseur. Das zeigte mir wieder einmal, wie sehr sich hier die Pflegefachkräfte bemühten, alle Wünsche der Gäst:innen zu erfüllen. Das hat natürlich auch etwas mit Würde zu tun. Darum wird hier auf eigentlich so profane Dinge wie Frisuren, Nagellack, Parfüm, besondere Kleidung, Kosmetik oder Pediküre Wert gelegt, wenn es die Gästinnen wünschen. Auch ein Wellnessbad ist hier möglich.

Mathilde trug blauen Lidschatten, die Augenbrauen waren dunkel nachgezogen und die schmalen Lippen waren mit einem knallroten Lippenstift betont. Ich schätzte sie auf weit über 80

Jahre. Sie sah mich fragend an und ich stellte mich vor. Als ich sie fragte, ob sie Lust hätte, etwas zu schreiben, überlegte sie einen Moment und nickte dann. „Ja, an eine Bekannte – den alten Stinkstiefel“. Sie bat mich nicht, mich zu setzen, und so packte ich erst einmal meinen großen Vorrat an Karten und Briefpapier aus und legte ihn auf ihre Bettdecke, damit sie etwas auswählen konnte. Sie sprach kein Wort mit mir und ich stand die ganze Zeit etwas irritiert neben ihrem Bett. Auch ich sagte lieber nichts. Die Dame würde das Wort an mich richten, wenn es ihr genehm war. Innerlich musste ich allerdings schmunzeln, denn so eine hoheitsvolle Dame hatte ich hier noch nicht sehr oft erlebt.

Es dauerte eine Weile, dann hatte sie eine Karte gefunden. Es war ein Stiefel mit Blumen darin ... Ich bemühte mich weiter darum, gelassen zu erscheinen, und fragte stattdessen höflich, ob ich mir einen Stuhl heranziehen dürfe, damit ich besser aufschreiben konnte, was sie mir diktierte. Wieder nickte sie hoheitsvoll. Überhaupt schien sie keine Frau vieler Worte zu sein. Die Worte, die sie sagte, hatten es allerdings in sich. Ich kannte ihre Biografie natürlich nicht, aber ich konnte sie mir gut als Matriarchin einer großen, wohlhabenden Familie vorstellen.

Ich hatte noch nicht einmal richtig Platz genommen, als Mathilde schon anfing zu diktieren. „Einen Moment“, bat ich sie um etwas Geduld. Ich suchte noch nach dem Stift. Ihr Blick sagte alles ... Als ich alles vorbereitet hatte, sah ich sie erwartungsvoll an. Es wurde ein sehr kurzer Text – zwei Sätze, die nicht sonderlich warmherzig waren. Aber sie würde ihre Gründe haben, und so schrieb ich alles auf, wie Mathilde es mir diktierte. Ich kommentiere grundsätzlich nichts, was mir diktiert wird, aber hier kam ich wirklich in Versuchung. Gerne wollte ich sie fragen, ob das wirklich ihr letzter Gruß sein sollte. Ich tat es nicht. Was wusste ich schon über die Geschichte, die dahinter stand? Und ich wusste auch, dass ich sie nie erfahren würde.

Dann war die „Audienz“ beendet. Ich adressierte den Umschlag, fragte, ob ich noch etwas für sie tun konnte, und wurde mit einem „Nein, danke, aber das war eine Erleichterung“ entlassen. Kein weiteres Wort kam über ihre Lippen und sie hatte schon die Augen geschlossen, als ich fragte, ob ich nächste Woche wiederkommen sollte und „Auf Wiedersehen!“ sagte. Als ich die Tür hinter mir geschlossen hatte, musste ich über mich selber lachen, weil ich mein Verhalten ihrem hoheitsvollen Auftreten angepasst hatte. Ich habe mich oft gefragt, wie die Bekannte auf ihre Karte reagiert hat.

Anne

Dass ich bei den folgenden Begegnungen auf eine ganz besondere Frau treffen würde, war mir klar, als wir uns das erste Mal auf dem Flur über den Weg liefen. Ihre Energie umgab sie wie eine Aura – kaum zu glauben, dass sie eine sterbende Frau war. Eine der Pflegefachkräfte hatten mich gebeten, sie zu besuchen. Anne war eine sehr schlanke Frau mit extrem kurzen braunen Haaren. Sie kam schwungvoll und schnellen Schrittes aus dem Zimmer und ging Richtung Wohnzimmer. „Zu Ihnen wollte ich gerade", rief ich ihr hinterher, da ich ihr kaum folgen konnte. Als sie sich mir zuwandte, lachte sie und fragte mich, wer ich bin. „Corinna – ich wollte Ihnen anbieten, mit mir zu schreiben." „Ja, ja, ja – ich habe schon davon gehört! Sehr gerne, aber jetzt habe ich keine Zeit. Ich bekomme gleich Besuch. Sie kommen immer montags, oder? Nächsten Montag freue ich mich auf Sie." Ich konnte nur nicken, dann war sie auch schon weitergeeilt ... Ich würde sie etwa sechs Wochen lang auf ihrem letzten Weg begleiten.

Bei unserem erst „offiziellen" Treffen hörte ich ein lautes: „Herein", als ich an die Tür von Annes Zimmer klopfte. Bevor ich die Türklinke herunterdrücken konnte, wurde die Tür schwungvoll aufgerissen. „Herein, herein, ich freu mich so", lachte Anne mir entgegen und wies auf zwei Stühle, die sie unter dem Sonnenschirm auf der Terrasse bereitgestellt hatte. Sie war eine perfekte Gastgeberin – und das würde sie bis zu meinem letzten Besuch bei ihr auch bleiben.

Kaum saß ich, erzählte mir Anne von ihrem Leben: Sie war 64 Jahre alt und hatte bis zu ihrer Erkrankung im Gesundheitswesen gearbeitet. Sie war also „vom Fach" und konnte ihren Zustand sehr genau einschätzen. Überhaupt war sie eine sehr reflektierte Frau. Sie war erst vor ein paar Jahren zurück aus Süddeutschland gekommen, weil sie sich „noch eine schöne Zeit" mit ihrem Vater in einem kleinen Ort in der Nähe machen wollte. „Daraus wird nun leider nichts ..." Dann plauderte sie über ihre Vergangenheit, über Jobs, Beziehung, Umzüge, Familie und Freunde. Nein, schreiben wolle sie gerade nicht. Vielleicht später. „Es ist alles geregelt. Die Grabstätte gekauft, mit dem Pastor gesprochen und die Grabrede geschrieben – Todesanzeige und Danksagung auch. Es soll nichts beschönigt werden – das mag ich nicht!"

„Das mag ich nicht" – diese Aussage würde ich in den nächsten Wochen noch öfter hören. Es war beeindruckend, wie klar die Anweisungen von Anne waren. Sie hatte keine Zeit für Halbheiten.

„Ich male sehr gerne. Gibt es da etwas für mich?" Ich schlug ihr Mandalas vor und Anne nickte begeistert. Ich besorgte ein dickes Malbuch und eine sehr große Packung guter Buntstifte und legte sie ein paar Tage später auf ihren Tisch, während sie schlief. Wir ahnten beide nicht, dass dieses Malbuch eine Art Uhr für Anne werden sollte.

Bei meinem nächsten Besuch saßen wir wieder auf der Terrasse und mein Buch *Mein pinkfarbenes Leben mit Gott und Krebs* lag aufgeschlagen neben ihr. Anne strahlte mich an und deutete auf das Buch. Ich war etwas verlegen, denn eigentlich ist meine Geschichte hier im Hospiz nicht das Thema. Sie wollte alles wissen und fragte mich, wie ich mit meiner Erkrankung umgegangen bin. Ich antwortete etwas widerwillig, aber Anne tat so, als würde sie es nicht bemerken. Ich musste ein bisschen lachen und so erzählte ich ihr, wie ich Briefe an Gott geschrieben hatte und dass mir mein Glauben sehr geholfen hätte. Anne wurde nachdenklich. „Glaubst du, dass danach etwas kommt?“ „Ja, das glaube ich. Aber ich hatte trotzdem oft Angst“, gab ich zu. Es war wohl eine Vorahnung, die mich geleitet hatte, denn ich hatte heute wieder einmal einen Bronzeengel eingepackt. Den zog ich aus der Tasche und legte die schöne Schachtel vor Anne auf den Tisch. Überrascht öffnete sie die Schachtel und nahm den Engel vorsichtig heraus, wog ihn in der Hand und sah mich fragend an. „Der ist für dich. Er wird von jetzt an über dich wachen. Ich habe auch so einen. Allerdings ist er nicht mehr so glänzend. Das liegt daran, dass ich ihn schon sehr oft stundenlang in der Hand gehalten habe ...“ „Das kann ich nicht annehmen – so ein kostbares Geschenk.“ Ich schloss meine Hand um ihre, sodass der Engel von uns beiden fest umschlossen war. Der Engel würde bis zu ihrem Tod auf ihrem Nachtschränkchen stehen.

Bei den nächsten Treffen entwickelten sich verschiedene Rituale. Anne zeigte mir jedes Mal das Fortschreiten des Mandalabuches. Sie malte sehr exakt und hatte ein Auge für die Farbkombinationen. Alle waren sehr geschmackvoll koloriert und ich durfte mir auch eines aussuchen. „Das male ich dann nur für dich.“ Heute liegt das Bild auf meinem Schreibtisch und mit ihrer schönen Schrift steht mein Name darunter.

Ein weiteres wiederkehrendes Thema war meine Geschichte. Es war sehr anrührend, welch großes Interesse diese sterbende Frau an anderen Menschen hatte. Anne wollte alles ganz genau wissen – und nach und nach verlor ich meine Vorbehalte, mit ihr darüber zu reden. Vielleicht war es eine Art Hilfe für sie zu wissen, wie andere Menschen mit einer palliativen Diagnose umgingen. Ich habe es leider versäumt, sie danach zu fragen.

Eine andere tolle Idee wurde ebenfalls zu einem unserer Rituale. Ihre regionale Selbsthilfegruppe hatte in einem Mailing an andere, bundesweite Gruppen initiiert, Anne Postkarten mit einem kleinen Gruß zu senden. Zum Schluss waren es fast 50 Karten aus der gesamten Bundesrepublik, Österreich, Dänemark und Italien – von Menschen, die Anne nie kennengelernt hatte, die ihr aber dennoch nahestanden, da alle ein ähnliches Schicksal hatten. Viele Male sahen wir uns die farbenfrohen, manchmal lustigen und immer herzlichen Karten von Leidensgenoss:innen an, die Anne sorgfältig in ihrem Schrank aufbewahrte. Wir hatten beide großen Spaß daran und ich hoffte, dass dieser Art an Unterstützung auch anderen Menschen zuteilwürde. Selbsthilfegruppen haben einen sehr großen Wert in der hospizlichen Begleitung.

Bei einem nächsten Besuch saßen wir wieder auf der Terrasse, malten und plauderten, lachten und hatten ganz unterschiedliche Themen. Ich hörte Anne sehr gerne zu, weil sie so bildhaft von ihrem Leben sprach. Beeindruckend war, dass sie dankbar und reflektiert auf ihr Leben zurückblickte, obwohl es auch schwierige Zeiten gab. Als eine Schwester zu uns kam und Besuch für Anne ankündigte, war sie sehr genervt. „Das passt mir jetzt gar nicht. Du bist doch jetzt da." Ich war mittlerweile schon aufgesprungen, um mich zu verabschieden. „Nein,

nein, bitte bleib!", nötigte sie mich. Ich wollte nicht stören, aber es schien Anne wichtig zu sein, dass ich blieb. Eine Freundin trat ein, hatte Kuchen dabei und stürzte gleich wieder aus dem Zimmer, um Teller und Tassen aus der Küche zu holen. Gezwungenermaßen aß ich ein kleines Stück Kuchen mit. Wir waren noch gar nicht fertig, als erneut zwei weitere Frauen ins Zimmer gebrachte wurden, die Anne besuchen wollten. Ich nutzte die Gelegenheit, um Platz zu machen, und verabschiedete mich schnell von allen. Ganz die perfekte Gastgeberin, begleitete mich Anne zur Zimmertür, rollte mit den Augen und raunte mir zu: „Das passiert uns nicht noch mal." Ich zwinkerte ihr zu und winkte, als ich den Flur zu einem nächsten Gast hinunterging.

Ein paar Tage später erreichte mich ein Anruf aus dem Hospiz. Anne bat um einen Besuch am nächsten Montag, den ich sowieso bei ihr gemacht hätte, da wir uns schon verabredet hatten. Es schien etwas Dringendes zu sein. Sie wollte etwas schreiben – einen wichtigen Brief. Ich bat darum, Anne auszurichten, dass ich ganz sicher zu ihr käme und ich mich schon darauf freute.

An diesem Montag hing bei Anne das „Bitte nicht stören"-Schild an ihrer Tür. Fragend sah ich die Schwester an. „Nein, nein, das gilt nicht für dich! Anne hat angeordnet, dass sie nicht gestört werden möchte, wenn du da bist." Ich musste lachen. Typisch Anne. Sie war sehr klar in dem, was sie tat – oder ließ. Beeindruckend!

Als ich nach dem „Herein" nach meinem Klopfen ins Zimmer trat, sprang Anne von ihrem Stuhl auf, kam auf mich zu und bremste dann ab. „Darf ich dich umarmen?", fragte mich diese Powerfrau. Na klar! Durch ihre Kleidung spürte ich jeden Knochen. Sie verbarg unter weiten Kleidungsstücken, wie dünn sie wirklich war. Körperlich wirkte sie extrem zerbrechlich, aber es steckte – noch – unglaublich viel Energie in dieser Frau.

Sie deutete auf den Stuhl am Tisch, setzte sich und sprang gleich wieder auf, um mir ein Glas zu trinken einzugießen. „Ich habe das Mandalabuch fast fertig ausgemalt." Ich zuckte innerlich etwas zusammen und beschloss, noch am selben Tag ein neues zu besorgen.

Dann wechselte Anne das Thema und fing an zu erzählen. Vieles aus ihrem Leben. Und dass sie einen Brief an ihre Schwester schreiben wollte. „Ich habe alles geregelt – meinen Nachlass und die Beerdigung. Aber ich würde gerne noch etwas für meine Mutter regeln. Das ist natürlich Quatsch, denn ich kann ja nicht mehr eingreifen – ich bin dann ja nicht mehr da." Sie lachte und ich überlegte, ob sie das zynisch meinte, verwarf aber den Gedanken sofort. Anne war nicht zynisch, sondern realistisch. „Ich würde gerne ein paar Anweisungen hinterlassen oder besser gesagt: Wünsche. Vielleicht gehen sie ja in Erfüllung." Wir überlegten gemeinsam, wie das am besten zu formulieren wäre. Ich schrieb alles auf, was Anne mir diktierte. Anne wägte jedes einzelne Wort sorgsam ab – ließ mich etwas streichen – formulierte um. Nach kurzer Zeit hatte ich eine gute halbe Seite notiert. Das Ganze strengte Anne unglaublich an, sodass sie mehrfach um eine Pause bat. Dann ging sie nach draußen, um zu rauchen. Dafür entschuldigte sie sich, als sie wieder hereinkam. Sie war wirklich eine besondere Frau und das sagte ich ihr auch und bedankte mich, dass sie mir so viel Vertrauen entgegenbrachte. Sie war sichtlich gerührt, berührte meinen Arm und nickte. Es brauchte mal wieder keine Worte. „Ich könnte bei dir sein, wenn du gehst", bot ich an. „Nein, das ist nicht nötig. Das mache ich lieber allein." Sie lachte. Ich war nicht überrascht, diese Antwort hatte ich erwartet. Dann wandte die sie sich wieder ihrem Brief zu.

Nach fast drei Stunden waren wir beide erschöpft. Ich versprach, am nächsten Tag wiederzukommen, um den Brief in „Reinform" zu schreiben. Mir erschien es wichtig, den Brief zeitnah zu Ende zu bringen. Meine Ahnung sollte mich nicht täuschen. Dankbar nickte Anne und winkte mir nach.

Am nächsten Tag hatte ich das neue Mandalabuch dabei. Es war natürlich albern, aber ich hoffte, wenn Anne noch etwas zu malen hätte, ginge sie noch nicht. Sie würde kein einziges Bild in dem neuen Buch beginnen ...

Von der Pflegefachkraft wurde ich wie immer sehr herzlich begrüßt und sie erzählte mir gleich, dass Anne schon auf mich wartete. Sie war wie immer gut vorbereitet, hatte den Entwurf vom Tag vorher schon bereitgelegt, las ihn noch mal laut vor, ergänzte zwei Punkte, strich etwas und formulierte noch mal etwas um. Wie immer kommentierte ich nichts, denn es war ihr Brief. Ich holte das schöne Leinenpapier mit passendem Umschlag heraus. Vorsichtig strich Anne darüber. Dann bat sie um eine Pause. Sie war sehr kurzatmig und wirkte angestrengt und müde. Der Brief lag ihr auf der Seele und ihre Kräfte schwanden zusehends. Während sie auf der Terrasse rauchte, ging ich wie von Anne gewünscht ins Dienstzimmer und fragte nach, ob der fertige Brief in ihre Patientenakte gelegt werden dürfe, um ihn dann nach dem Tod von Anne an die Schwester zu übergeben. „Kein Problem, das machen wir gerne. Gut, dass sie den Brief schreiben kann. Das ist ihr sehr wichtig", sagte mir die Diensthabende. Ich nickte und beeilte mich, wieder zu Anne zu kommen.

Sie saß bereits wieder am Tisch und rang immer noch nach Luft. Sie stand noch einmal auf und nahm ein Medikament, und fast augenblicklich ging ihr Atem leichter. Sie ließ es sich nicht nehmen, den vorgeschriebenen Brief selber zu übertragen, obwohl es ihr sichtlich nicht gut ging. Anne mobilisierte all ihre Reserven, um diese letzte wichtige Sache zu Ende zu bringen. Mit der allergrößten Sorgfalt begann sie, den Brief in einer gestochen scharfen Schrift auf das Briefpapier zu übertragen. Nach zwei Sätzen bat sie mich, den Brief zu diktieren – das sei einfacher für sie. Das machte ich natürlich gerne. Als sie fertig war, ließ sich Anne erschöpft in den Sessel zurückfallen und atmete tief ein und aus. Eine große Last schien von ihr abzufallen. Dann nickte sie sich bestätigend zu: „Gut, gut – das ist geschafft!"

Ich fragte sie, ob der Brief noch bei ihr im Zimmer bleiben sollte, aber sie schüttelte heftig den Kopf. Dann faltete sie den Brief sehr ordentlich, steckte ihn in den Umschlag, klebte ihn zu und legte ihn vor mich. Sie sah sehr erschöpft aus und war ganz grau im Gesicht. Abrupt wechselte sie das Thema und fragte wieder nach meinem Leben, denn sie las immer noch in meinem Buch. Ich antwortete wahrheitsgemäß und verabschiedete mich dann, denn Anne war sehr müde. Ich versprach wie immer, am nächsten Montag wiederzukommen. Dann zögerte ich einen Moment und fragte: „Du bist dann noch da, oder?" Es war natürlich eine dumme Frage und ich hatte nicht lange darüber nachgedacht. Anne lachte laut auf und der Schalk blitzte in ihren müden Augen: „Na, so genau kann ich das auch nicht planen ... ich freue mich jedenfalls jetzt schon auf deinen Besuch." Ich nickte, schloss für einen Moment die Augen und antwortete: „Danke! Ich freu mich auch!" Ich machte leise die Tür hinter mir zu, gab den Brief wie besprochen im Dienstzimmer ab und fuhr dann erschöpft, aber erfüllt und dankbar nach Hause.

Am nächsten Montag wurde ich wieder von der Teamleiterin mit dem Hinweis, dass ich schon „sehnsüchtig“ von Anne erwartet würde, in Empfang genommen. Es war furchtbar heiß. Als ich das Zimmer von Anne betrat, an dem wieder das „Bitte nicht stören“-Schild hing, sah ich, dass das Mandalabuch aufgeschlagen vor ihr lag. Sie sprang auf, umarmte mich herzlich und fragte, ob sie mir einen Kaffee holen solle. Lachend lehnte ich ab und war gerührt von ihrer Fürsorge. Wir blätterten das Mandalabuch durch. Das zweite, das ich für sie besorgt hatte, lag weiterhin ungenutzt da. Ich ahnte, warum sie nicht damit begonnen hatte. „Es sind die letzten Tage wieder zwei Gästinnen gestorben. Bei einem Verstorbenen waren zwölf Angehörige, und es war sehr laut.“ Ich nickte, denn ich hatte schon davon gehört. In anderen Kulturkreisen wird eben anders getrauert. Dann wechselte Anne wieder sprunghaft das Thema: „Ich bekomme jetzt Tavor. Die Schmerzen werden mehr, aber die Ärztin hat mich gut eingestellt. Dafür bin ich dankbar!“ Sie zeigte mir noch ihre stark geschwollenen, blauen Füße. Ihr Kreislauf zentralisierte und die Nieren versagten. Die Peripherie wurde nicht mehr ausreichend durchblutet. Ich nickte und Anne auch. Es brauchte mal wieder keine Worte – ihre Zeit war bald gekommen und wir beide wussten das. Die Krankenschwester von vorhin steckte nach leisem Klopfen den Kopf durch die Tür: „Darf ich euch ein Eis bringen?“ Wie toll! Dennoch lehnte ich dankend ab, aber Anne duldete keinen Widerspruch und erpresste mich: „Wenn du keines isst, esse ich auch keines!“ Ich verdrehte die Augen und nickte. Dann mussten wir beide lachen und etwas später genossen wir ein leckeres Eis. Währenddessen erzählte Anne wieder aus ihrem Leben und ich hörte aufmerksam zu, dankbar, dass sie mir so vieles anvertraute.

Danach stellte sie mir wieder einige persönliche Fragen und mittlerweile machte es mir nichts mehr aus. Gleiches für Gleiches – sie vertraute mir, da hatte sie auch meine Offenheit verdient. Ich bin immer wieder überrascht, wie schnell hier intensive Bindungen und Beziehungen entstehen – aber hier läuft die Zeit eben anders. Was draußen Monate und Jahre braucht, entsteht hier in Stunden und Tagen, auch darüber sprachen wir. Anne erzählte von dem Besuch, den sie heute noch bekommen sollte. Ein Verwandter, den sie viele Jahre nicht gesehen hatte. „Das strengt mich sehr an. Ich mag das nicht, aber Freitag habe ich frei. Darauf freue ich mich.“ Spontan blickte ich auf meine Uhr. „Nein, nein, so war das nicht gemeint“, wehrte Anne gleich ab. „Bitte bleib noch! Ich habe neue Karten bekommen – die muss ich dir unbedingt noch zeigen.“ Diesen Wunsch erfüllte ich ihr gerne und ich war froh darüber! Wir plauderten, lachten und sahen die bunten Karten an. Als ich mich verabschiedete, versprach ich, am nächsten Montag wiederzukommen – aber diesmal würde ich mein Versprechen nicht halten. Als am Montagmorgen gegen elf Uhr mein Handy klingelte und ich die Nummer vom Hospiz sah, wusste ich schon, bevor ich mich meldete, welche Nachricht mich erwartete.

Gitta

Im Wohnzimmer saß eine sehr junge Frau im Rollstuhl. Ihr schönes Gesicht kam besonders zur Geltung, da sie keine Haare hatte. Das waren wahrscheinlich die Folgen einer Chemo, einer Bestrahlung oder einer OP – wobei ich keine Narbe sehen konnte. Ich lächelte sie an und ging auf sie zu. Mit großen braunen Augen schaute sie mich an, sagte aber nichts. Da ich keine Infos zu ihr hatte, stellte ich mich vor und erzählte ihr, dass wir schreiben könnten, wenn sie mochte, oder uns einfach ein bisschen unterhalten. Keine Antwort. Ich fragte, ob ich mich zu ihr setzen dürfe, und zog mir einen Stuhl heran.

Ich saß kaum, da fing Gitta an zu reden. Sehr schnell und deutlich, aber ich verstand sie nicht, da es nur Kauderwelsch war. Einige Worte waren zu verstehen, aber sie ergaben keinen Sinn. Sie selber schien das nicht wahrzunehmen, denn sie sprach immer weiter. Ich war ein bisschen verzweifelt, da diese Frau offensichtlich etwas mitteilen wollte, ich sie aber nicht verstand. Gitta machte eine kurze Pause, lächelte und sprach dann in ihrer Sprache weiter. Ich setzte mich etwas gerader hin und hörte aufmerksam zu und sah sie dabei die ganze Zeit an. Diese Art der Kommunikation schien für sie in Ordnung zu sein, denn zwischendurch lächelte sie etwas, wedelte mit der rechten

Hand, um ihren „Worten“ Nachdruck zu verleihen, und lächelte dann wieder.

Nach ein paar Minuten nickte sie und ließ sich in die Lehne des Rollstuhls zurückfallen. Normalerweise müsste ich jetzt etwas sagen ... So funktionieren Gespräche eigentlich. Hier im Hospiz gibt es aber viele Arten von Kommunikation. Ich wusste nicht, wie die kognitiven Fähigkeiten von Gitta waren – ob sie orientiert war und ihre Worte für sie selber verständlich waren, oder ob sie in einer ganz anderen Realität als der meinen unterwegs war. Es fällt nicht immer leicht, Stille und Schweigen auszuhalten, aber hier im Hospiz lerne ich es immer mehr. Also sagte ich auch erst einmal nichts, nickte nur und schaute sie an. Dann fing Gitta wieder in ihrer Sprache an, und ich hörte weiter zu. Dieser Ablauf wiederholte sich noch ein weiteres Mal. Dann kam eine Pflegefachkraft, um sie in ihr Zimmer zu bringen, da dort Besuch auf sie wartete. Gitta streckte mir zum Abschied die Hand hin und strahlte mich an. Ich ergriff sie, drückte sie leicht und sagte, dass ich nächste Woche gerne wieder zu Besuch kommen würde. Sie antwortete nicht, lächelte aber und verschwand. Ich blieb noch einen Moment im Sessel sitzen, sammelte mich, sprach ein Gebet und musste dann lächeln, weil es so ein „gutes Gespräch“ war.

Hedwig

Als ich auf den Parkplatz des Hospizes fuhr, verließ gerade ein Leichenwagen den Vorplatz. Unwillkürlich fragte ich mich, wer es dieses Mal war. Mich beruhigte das Wissen um das Abschiedsritual. Verstorbene dürfen bis zu 36 Stunden in ihrem Zimmer verbleiben. Dort haben Pflegefachkräfte, ehrenamtliche und natürlich Zugehörige und Freunde Gelegenheit, sich zu verabschieden. Der oder die Verstorbene wird schön angezogen mit der Kleidung, die vorher besprochen und ausgesucht wurde, und Rosenblätter werden auf das Bett gestreut. Es brennt eine Schwimmkerze in einer hohen Stehschale und die Fenster sind gekippt. Ich stelle mir vor, dass die Seele dann besser „nach Hause" fliegen kann. Von dem türkisfarbenen Herz an der Zimmertür und der Kerze im Eingangsbereich habe ich bereits erzählt. All diese Rituale helfen dabei, den Abschied in aller Ruhe und würdevoll zu begehen – hier muss niemand schnell Platz machen.

Hedwig war eine ältere Dame, weit über 80 Jahre alt, sehr schlank und sie saß kerzengerade in dem Ruhesessel am Fenster. Sie hatte ein Buch in der Hand, als ich nach dem Anklopfen eintrat. Der Nachtschrank war sehr leer und aufgeräumt. Nur eine kleine Lampe stand darauf und das Foto einer jungen, sehr hübschen Frau in einem Eichenholzrahmen. Es war ihre Enkelin, nahm ich an. Ich stellte mich vor, sagte mein „Sprüchlein" auf, was ich hier so tat, und wartete gespannt, was sie sagte.

Erst einmal kam gar nichts. Hedwig schwieg, drehte ihren Kopf zum Fenster, lachte dann, wandte sich mir wieder zu und sagte: „Ich schreibe nichts mehr. Ich habe alles gesagt." Bevor ich etwas darauf antworten konnte – was sowieso unnötig gewesen wäre –, sprach Hedwig aber schon weiter. „Alle sind so nett und liebevoll zu mir. Ich fühle mich hier richtig wohl." Dann erzählte sie voller Stolz von ihrer 22-jährigen Enkelin. Ein weiteres, viel größeres Foto hing auf der anderen Seite ihres Bettes. Die gutaussehende, freundlich lächelnde junge Frau schaute auf ihre Großmutter, die mächtig mit ihr „angab".

Ich musste schmunzeln und hoffte, auch einmal so von meinem Enkel oder meiner Enkelin sprechen zu können. Plötzlich war so viel Lebensfreude in Hedwig, die mich mitriss, und so lauschte ich einfach nur ihrer Erzählung. Irgendwann wurde ihr Redefluss langsamer und ich merkte, dass sie müde wurde. „Darf ich nächste Woche wiederkommen?", fragte ich. Hedwig nickte. Ich war noch nicht ganz an der Tür, da fielen ihr schon die Augen zu. Als ich die Tür geschlossen hatte, wurde mir wieder einmal klar, dass die Menschen hier nur wenig Kraft und Energie hatten, denn sie sind Sterbende, aber sind wir das nicht alle? Dennoch sind viele – so wie Hedwig – lebendiger als viele andere „dort draußen".

Claudia

Niemand weiß, wie lange die Gäst:innen bei uns bleiben. Manchmal sind es nur ein paar Tage, einige Male waren es auch nur ein paar Stunden. Manche bleiben Monate. Claudia würde ich über einen relativ langen Zeitraum von fast vier Monaten begleiten. Das ahnten wir natürlich beide nicht, zumal ihr – so erfahre ich von den Pflegefachkräften – offensichtlich noch nicht klar war, dass sie in einer finalen Phase war. Sie hatte es verdrängt. Warum das so war, spielte keine Rolle für meine Besuche. Es kam tatsächlich öfter vor, aber wie eine Pflegefachkraft einmal sagte: „Jeder darf in seiner eigenen Wahrheit hier sein bzw. sterben." Ich habe hier gelernt, Dinge, Gefühle und Realitäten der Gäst:innen, Strukturen und Familienkonstellationen so zu nehmen, wie sie sind. Es ist nicht an mir, diese infrage zu stellen oder bewerten zu wollen.

Das Zimmer von Claudia war fast nicht wiederzuerkennen. Eine zusätzliche Gardine bzw. ein großes Tuch war angebracht, der Fernseher war ebenfalls mit einem großen Tuch verhängt. Es war durchaus üblich, dass die Gäst:innen das Zimmer – ihre letzte Wohnstätte – so gestalten konnten, dass sie sich wohlfühlten. Manche waren eher sparsam mit eigenen Möbeln oder Deko, andere gestalteten das geräumige Zimmer komplett um. Das ist gewollt und wird vom Team unterstützt. So kann mindestens in Ansätzen das Gefühl entstehen, dass die Gäst:innen die „Kontrolle“ haben, wenn ihnen schon so vieles andere aufgrund der Erkrankung entgleitet. Ein Stück Geborgenheit und Ankommen stellt sich so etwas leichter ein.

Ich nahm die Deko also nur zur Kenntnis, kommentierte sie aber nicht. Eine Pflegefachkraft kam herein und fragte, ob sie Claudia beim Aufstehen helfen sollte, und ich war erstaunt, wie behände, Claudia aus dem Bett kletterte. Eigentlich brauchte sie gar keine Hilfe, und sie ließ sich mit einem fragenden Blick in meine Richtung am Tisch nieder. Ich stellte mich erneut vor und sagte ihr, dass wir uns letzte Woche zum Schreiben verabredet hätten. „Ja, ja, stimmt. Ich vergesse so vieles“, klärte sie mich auf, klopfte dabei mit den Fingerknöcheln auf ihren Kopf und lachte. Ich zeigte ihr die Karten, die ich mitgebracht hatte, und es dauerte lange, bis sie eine davon ausgewählt hatte. Noch einmal so lange dauerte es, bis Claudia wusste, an wen sie die Karte überhaupt schreiben wollte: an eine Freundin, mit der sie oft auf Reisen gewesen war. Sie bat mich, ihr bei den Formulierungen zu helfen, und klopfte dabei wieder auf ihren Kopf. Und ich sollte voranstellen, dass ich das aufschrieb, was sie diktierte. Das war ihr wichtig, denn sie kontrollierte es, als sie später die Karte noch einmal las. Allen Karten, die wir schreiben würden, war diese Erklärung vorangestellt. „Mein Name ist Corinna und ich schreibe im Auftrag von Claudia das auf, was sie mir diktiert.“

Ich musste schmunzeln und fand es großartig, wie nachdrücklich Claudia das einforderte. Für mich hatte es mit Respekt und Würde zu tun, ihren Auftrag genau so auszuführen, denn sie war ja die Autorin der Karten und Briefe. Dann diktierte sie mir einige persönliche Sätze für die Freundin. Den letzten Satz wollte sie selber schreiben, und mit etwas krakeliger Schrift setzte sie zufrieden ihre Unterschrift darunter. Dann ließ sie sich mit einem Seufzer in die Sessellehne zurückfallen und lächelte zufrieden. Ich versprach Claudia, die Karte noch am selben Tag zur Post zu bringen, und bevor ich fragen konnte, ob ich nächste Woche wiederkommen sollte, bat sie mich genau darum. „Na klar! Mach ich sehr gerne. Wenn dir noch jemand einfällt, der eine Karte von dir bekommen soll, schreib es dir gerne auf und nächsten Montag machen wir dann gemeinsam alles absendebereit." Claudia nickte und wandte sich dann dem Kuchen auf ihrem Tisch zu.

Bei meinem nächsten Besuch erkannte Claudia mich sofort und wusste sogar meinen Namen und dass wir schreiben wollten. Wieder an eine Freundin. Sie dachte vor jedem Satz lange nach, formulierte um und nickte dann. Erst dann fing ich an zu schreiben. Sie bat nicht um Formulierungshilfe. Das konnte sie noch alleine, und ich schrieb alles wie immer wortgetreu so, wie sie es mir diktierte. Den letzten Satz und die Unterschrift setzte sie wieder selber darunter. Als wir fertig waren, begann sie, von ihrem früheren Leben zu erzählen: Es ist für mich immer ein besonderer Moment, wenn ich mit den Gäst:innen in ihre Vergangenheit reisen darf. Sie erzählte von Gebeten und der Natur, der sie so verbunden war. Es war der richtige Zeitpunkt, ihr einen Bronzeengel zu übergeben, beschloss ich, den ich heute – mal wieder – spontan eingepackt hatte. Zufall? Nein, Fügung! Claudia war sprachlos. „So ein tolles Geschenk! Und der ist wirklich für mich?", fragte sie mich ungläubig. Sie wog ihn in ihrer Hand und fuhr mit den Fingern darüber. „Ich mag Engel", konstatierte sie nachdrücklich. „Er wird immer auf dich achten, und wenn du nicht schlafen kannst oder dich fürchtest, kannst du dich an ihm festhalten!" Als ich mich von ihr verabschiedete, hielt sie ihn immer noch in der Hand. Ich machte mir gedanklich eine Notiz, mehr Engel zu besorgen, denn der Bedarf an himmlischem Beistand war hier immer sehr hoch ...

Die nächste Karte war für einen Freund. Sie wählte ihre Worte wieder mit Bedacht, korrigierte, formulierte um, strich oder ergänzte und überlegte jedes Wort. Dann sprach Claudia von dem nahenden Tod und was sie bis dahin noch erledigen wollte – ihr Nachlass sei dagegen bereits geregelt. Ich war beeindruckt, dass sie sich jetzt offensichtlich mit ihrem Tod auseinandergesetzt hatte, und nickte ihr nur zu – ein Kommentar meinerseits war nicht angemessen und überflüssig. Es wäre anmaßend gewesen, zu beurteilen, wie und wann jemand sein eigenes Sterben bewältigte. Es gibt wohl nichts Persönlicheres und ich empfinde es als Ehre, Sterbende begleiten zu dürfen.

Bei meinem nächsten Besuch, der ausnahmsweise an einem Dienstag stattfand, erwartete mich Claudia schon im Rollstuhl. Nein, schreiben wollte sie heute nicht. „Dann habe ich eine andere gute Idee“, schlug ich vor. „Ich würde dich gerne unserer ‚Blumenfee‘ vorstellen. Sie ist auch eine Ehrenamtliche und kommt jeden Dienstag, kreiert wunderschöne Gestecke und Blumenarrangements für jedes Gästezimmer, das Wohnzimmer, die Flure und den Raum der Stille.“ Sie hatte langjährige und umfangreiche Erfahrungen in der Hospizarbeit, immer einen guten Draht zu den Gäst:innen und außer ihrer unfassbaren Kreativität eben auch eine besondere Gabe für die Menschen hier. Da Claudia ebenfalls berufliche Erfahrung mit Pflanzen, Blumen und Landwirtschaft hatte, würden die beiden sicher eine Menge zu plaudern haben. Ich stellte sie einander vor und setzte mich einen Moment dazu. Wie erwartet war ich nach kurzer Zeit überflüssig, denn die beiden Expertinnen hatten sich viel zu erzählen. Ich verabschiedete mich und verabredete, dass ich beim Sommerfest nächsten Sonntag auf jeden Fall da wäre und wir uns dann sicher sehen würden.

Auch das gehört immer wieder dazu: Hier wird dauernd gefeiert! Es gab schon Feiern zur Goldenen Hochzeit, Geburtstage, alle kirchlichen Feste wie Ostern, Pfingsten, Weihnachten oder saisonale Feste. Und falls gerade mal kein Feiertag in Sicht war, dachten sich die Kolleg:innen einfach einen Grund zum Feiern aus! Auf dem Sommerfest waren über 200 Gäst:innen. Nicht nur Angehörige und Freund:innen der Gäst:innen, die gerade bei uns waren, sondern auch Zugehörige von bereits verstorbenen Gäst:innen und Menschen, die sich bei der Gelegenheit das Hospiz und den schönen Garten ansehen und das Leben feiern wollten. Es gab gutes Essen, Getränke, eine Hüpfburg, eine regionale Band und jede Menge interessanter Begegnungen und Gespräche. Alle waren begeistert und die Gäst:innen, die ihre Ruhe wollten, schlossen einfach ihre Zimmertüren, und die Wohnbereichsflure waren natürlich sowieso für die Öffentlichkeit gesperrt. Ich bin schon oft gefragt worden, ob es nicht ein bisschen „schräg" sei, so ein lautes, buntes Fest in der Nähe des Todes zu gestalten. Tatsächlich habe ich noch niemals Beschwerden von Gäst:innen oder Angehörigen gehört. Im Gegenteil! Es ist eine gute Gelegenheit zu zeigen, dass im Hospiz nicht nur gestorben wird, sondern dass dort ganz viel Leben stattfindet.

Am Montag war von dem Trubel des Sommerfestes fast nichts mehr zu sehen und zu hören. Draußen war es heiß und drinnen still und kühl. „Gut, dass du da bist", begrüßte mich die diensthabende Schwester, als sie mir die Tür öffnete. „Claudia wartet schon ganz dringend auf dich." Das freute mich einerseits, andererseits bedeutete es wahrscheinlich einen wichtigen

Brief. Als ich das Zimmer betrat, rief Claudia: „Bist du das, Corinna?“ und rappelte sich aus dem Bett hoch. Sie wollte nach draußen in den Innenhof, das Atrium, wo zum Glück ein riesiger Sonnenschirm über einem Tisch mit Stühlen stand. Es war sehr heiß und es sprudelte nur so aus Claudia heraus. Sie wollte ihr Vermächtnis schreiben und sie habe schon angefangen. Sie deutete auf zwei DIN-A4-Blätter, die bis auf eine halbe Seite mit einer ziemlich krakeligen, aber lesbaren Schrift gefüllt waren. Beide Blätter schob sie zu mir. Ich sollte sie lesen. Was für ein Vertrauensbeweis, der mich zu Tränen rührte. Sie hatte einen großen Teil ihrer Krankengeschichte aufgeschrieben, und ich fragte sie, ob ihr das Schreiben bei der Bewältigung der Erkrankung helfe. Sie nickte heftig. Eine Kopie davon sollten die Pflegefachkräfte bekommen, wer das Original erhalten sollte, sagte sie mir nicht und ich fragte nicht. Ich wusste ja mittlerweile, dass die Gäst:innen genau das erzählen, was sie möchten.

Ich schrieb fast eine Stunde für sie auf den Zetteln weiter, was sie mir diktierte. Wort für Wort. Manchmal fand sie nicht das richtige und sah mich dann Hilfe suchend an. Claudia war sehr kritisch. Ich machte Vorschläge und manchmal schüttelte sie den Kopf oder formulierte dann doch selber um, und manchmal nickte sie. Es war sehr anrührend zu sehen, mit wie viel Willenskraft sie trotz der schweren Erkrankung um die richtigen Worte rang. Am Ende waren wir beide erschöpft, und eine Besucherin wartete auf Claudia. Ich brachte sie zu Claudia. Dann winkte ich zum Abschied und rief: „Tschüss, bis nächsten Montag.“ Sie drehte sich nicht um und sagte: „Ja, ja.“ Dann klappte ihre Zimmertür zu und ich ging mal wieder schmunzelnd zum nächsten Gast.

Die nächsten Besuche bei Claudia waren geprägt von Erzählungen aus ihrem Leben. Ich hatte den Eindruck, dass sie manche Dinge aussprechen musste, um sich zu erinnern. Ich war überrascht, als sie nach meinem Leben fragte. Ich erzähle nicht gerne davon, aber inzwischen gehörte es bei sehr langen und intensiven Begleitungen dazu, und ich antworte ehrlich, wenn ich gefragt werde. Ein weiterer Lernprozess für mich. Mich lassen so viele Menschen an ihrem Leben teilnehmen, und ich erfahre sehr viele persönliche Dinge. Ich wertete es nicht als Neugierde, sondern als aufrichtiges Interesse und deshalb machte es mir mittlerweile nichts mehr aus, dass Claudia mich ausfragte.

Bei einem weiteren Besuch wollte Claudia an ihre Eltern schreiben. Ich musste schlucken, denn ich versuchte zu erahnen, wie es für die Eltern sein musste, einen Brief von ihrer sterbenden Tochter zu bekommen. Aber natürlich war Claudias Wunsch mir Befehl. Sehr sorgfältig wählte sie wieder ein schönes Briefpapier aus. Es wurde ein kurzer Brief, aber voller Liebe und Emotionen, immer wieder fasste sie sich an den Kopf und sagte, dass sie müde sei. Ich bot an, nächsten Montag weiterzuschreiben. Vehement schüttelte sie den Kopf: „Nein, ich habe nicht mehr viel Zeit.“ Ich schaute sie an, und sie zuckte die Schultern. Es brauchte mal wieder keine Antwort darauf.

Am nächsten Montag erzählte mir Claudia, dass sie einen „eleptischen Anfall“ gehabt hätte. Ihre Sprache klang verwaschen, das war mir beim letzten Besuch schon aufgefallen. Aber jetzt plauderte sie munter weiter drauflos und wollte einen Brief an eine Freundin diktieren. Wie immer unterschrieb sie den Brief selber, doch dieses Mal war ihr Name kaum lesbar.

Bei den nächsten Besuchen plauderten wir nur. Ihre Sprache wurde merklich undeutlicher, so als wäre die Zunge zu schwer. Es schien, als seien alle Briefe geschrieben ... Sie bat mich, Kuchen aus dem Wohnzimmer zu holen oder einen Joghurt. Beim Essen brauchte sie Hilfe und ich setzte mich zu ihr auf die Bettkannte. Ich fragte, ob sie sich an den Anfall erinnerte. „Es tut nicht weh, aber es ist komisch ... ich kann mich dabei selber sehen." Dann wechselte sie das Thema und fragte, ob ich wiederkommen würde. „Ja, klar! Versprochen! Wie immer am Montag", sagte ich, und als ich an der Tür noch einmal: „Tschüss, Claudia!" rief, antwortete sie: „Tschüss, Doris!"

Als ich am nächsten Montag wiederkam, informierte mich die Schwester, dass Claudia nicht mehr sprechen könne. Ich atmete tief durch, klopfte und ging in ihr Zimmer. „Hallo, Claudia, ich bin's – Corinna." Sie riss die Augen weit auf, lächelte und sagte: „Rechno kast bringenwiden kello." Dann lachte sie, verdrehte die Augen und tippte sich an den Kopf. Ich atmete tief durch, zog einen Stuhl heran und sagte: „Die Buchstaben sind weg ..." Sie nickte heftig und lachte wieder. „Wie gut, dass alle Briefe geschrieben sind – alles erledigt!" Wieder nickte sie heftig. „Forjetz tusen öklopart." Ich nickte, konnte aber nur raten, was sie meinte. Ob ich einen Joghurt holen solle? „Gallo", sagte sie sehr deutlich und nickte. Als sie alles aufgegessen hatte, versuchte sie erneut, etwas zu sagen. „Tuzeko jolaster hustutep briklowas." „Ja, die Buchstaben sind weg", wiederholte ich. Sie nickte heftig. Dann schwiegen wir beide. Es fiel mir schwer, das jetzt auszuhalten, denn Sprache ist mein Medium. Ich nahm ihre Hand und drückte sie. Lange sah sie mich schweigend an. Dann nickten wir beide fast gleichzeitig. Ich fragte, ob ich nächsten Montag wiederkommen sollte. „Sollestra", sagte Claudia betont deutlich – „ja!".

Bei meinem nächsten Besuch schlief Claudia und ich weckte sie nicht. Der Schlaf ist der kleine Bruder des Todes, wusste schon Schopenhauer, und hier durfte er es sein. Leise schloss ich die Tür. Zwei Tage später hatten wir Teambesprechung und ich kam eine halbe Stunde eher, weil ich noch einmal mein Glück versuchen wollte, um Claudia zu besuchen. Eine Freundin war bei ihr und Claudia lächelte, als sie sagte: „Oh, hallo, Corinna." Ich war perplex. Die Buchstaben waren wieder da! Dann sagte sie etwas, was ich nicht verstand, und die Freundin erklärte, dass es holländisch wäre. Sie war sehr unruhig und tastete auf der Bettdecke herum. Als ich ihren Arm berührte, sah Claudia mich überrascht an. Ich griff nach dem Bronzeengel, der auf ihrem Nachtschrank stand, und legte ihn schwer in ihre Hand. Sofort umschloss sie ihn mit ihrer Faust. Wieder sagte sie etwas, was ich nicht verstand, und fing an zu weinen. Ich saß neben ihr auf der Bettkannte und hielt ihre andere Hand. Hier brauchte es wie so oft keine Worte mehr. Es war alles gesagt. Claudia döste ein, und ich ging etwas geschafft in die Teambesprechung.

Am nächsten Montag war Claudia noch da, schlief aber mit einem Tuch über dem Kopf. Ich hatte nicht damit gerechnet, sie noch zu sehen, aber was wusste ich schon? Am darauffolgenden Montag erreichte mich ein Anruf aus dem Hospiz. Ihr Bruder war die ganze Nacht bei ihr und als er kurz zum Schlafen ins Gästezimmer ging, ist Claudia gestorben. Sie wollte wohl allein sein.

Herta

„Wir haben eine neue Gästin, recht jung, Anfang 70, die sich sicher über deinen Besuch freut", begrüßte mich die Schwester fröhlich. Das ist ein Satz, den ich immer wieder gerne hörte, denn er sagte mir, dass ich Teil des Teams war und die Pflegefachkräfte sich Gedanken machten, wer von uns Ehrenamtlichen – jede mit ihren besonderen Fähigkeiten – zu den jeweiligen Gäst:innen passte. Ich bekam eine kurze Info über Herta und ihren aktuellen Zustand und schon lief ich los und klopfte an ihrer Tür. Ein deutliches „Herein" erklang, und ich stand einer freundlich lächelnden, sehr gepflegt wirkenden Dame gegenüber. Ich stellte mich vor und schon waren wir mitten im Gespräch, denn Herta freute sich über etwas Unterhaltung. Sie bekomme zwar viel Besuch, aber erst gegen Abend. Ihr Sohn wohnte in Bayern und käme am Wochenende, erzählte sie voller Stolz. Ihre gesamte Familie sei toll. „Alle sind geschockt, dass ich sterben werde!" Kurze Stille. „Ich natürlich auch. Damit hat niemand gerechnet." Wieder Stille.

Ich hatte ebenfalls keine Worte. Mittlerweile wusste ich, dass ich auch nicht immer irgendetwas sagen musste – Stille half manchmal sogar mehr. Ja … und das mit dem Schreiben könne sie sich vorstellen, aber nicht heute. Sie habe Arthrose in den Händen, da sei es schwer, einen Stift zu führen. Aber nächste

Woche sehr gerne. Natürlich war mir ihr Wunsch Befehl, und so war ich am nächsten Montag wieder um 14 Uhr bei Herta. Sie saß am Tisch, hatte einen Stuhl für mich herangezogen und schon Karten bereitgelegt. Aber erst hatte sie etwas Schönes zu erzählen. Sie war auf Veranlassung ihrer Kinder mit dem Wünschewagen in der Hamburger Elbphilhamonie gewesen und hatte dort den Dresdener Kreuzchor mit ihrer Familie genossen. „Da wohne ich in unmittelbarer Nähe und war noch nie da“, erzählte sie lachend. „Es war unglaublich, und es hat alles so reibungslos mit dem Wünschewagen geklappt. So nette Begleiterinnen! Ich würde gerne eine Dankeskarte an das tolle Team schreiben.“ Dabei half ich natürlich sehr gerne und schrieb alles genau so auf, wie Herta es mir in die Feder diktierte. Dabei liefen ihr einige Tränen über die Wangen und sie fragte mich, was sie schuldig sei. „Nichts, nur ein Lächeln“, kommentierte ich, winkte und schloss die Tür.

Eine Woche später war eine Karte des Chors mit einer CD bei Herta angekommen, denn sie hatten in den sozialen Medien einen Post vom Wünschewagen-Team gesehen, auf dem ein Foto der Karte, die Herta mir diktiert hatte, zu sehen war. Da Herta erstaunlich technikaffin war – sie hatte sogar eine „Alexa“ in ihrem Zimmer – konnte sie auch alle Kommentare lesen und freute sich sehr darüber und ich mich mit ihr.

Beim nächsten Treffen erzählte Herta aus ihrem Leben. Sie hatte als junge Frau einige Jahre in den USA gelebt, ist viel durch die Welt gereist – Thailand, Schanghai, Nepal, Hawaii. „Das ist sehr ungewöhnlich für Frauen aus deiner Generation“, stellte ich fest, und Herta lächelte stolz. „Ja, das ist es ... Das nimmt mir keiner!“ Sie konnte fesselnd erzählen und nahm mich mit auf die Reise durch ihr Leben und rund um die Welt. Ich hörte einfach nur staunend zu. „Ich hätte ein Buch schreiben sollen“, resümiert sie am Ende, „aber nun ist es zu spät.“ Dann wechselte sie abrupt das Thema und erzählte von ihrer Familie – von ihren Kindern und Enkeln. Es war eigentlich ein ganz normales Gespräch, aber es war uns beiden bewusst, dass es auch eine Rückschau war, die Geschichte eines Lebens, das zu Ende ging. Das war sehr berührend und ich bedankte mich für das Vertrauen, das diese besondere Frau mir geschenkt hatte. Auf meine Frage, ob ich in der nächsten Woche wiederkommen sollte, nickte Herta nachdrücklich und schenkte mir ein müdes Lächeln.

Der nächste Montag bot nur Zeit für ein kurzes „Hallo“, denn Herta erwartete Besuch. Sie winkte mir kurz von ihrem Sessel aus zu und widmete sich dann wieder ihrem Handy, um eine WhatsApp zu Ende zu schreiben. Am nächsten Montag begrüßte sie mich dann aber mit einem Auftrag. Ich musste lachen und setzte mich zu Herta an den Tisch. Sie diktierte mir eine kurze Nachricht für eine Freundin und dann sagte sie fast erleichtert: „So, das war’s. Jetzt schreibe ich nichts mehr, außer WhatsApp.“ Ich war von der Endgültigkeit, mit der sie das sagte, überrascht, denn eigentlich ging es ihr recht gut, soweit man das im Hospiz sagen kann.

„Wir haben gestern Geburtstag gefeiert, das war schön!“, begrüßte mich Herta am nächsten Montag. Ich hatte schon von der Kollegin von der Feier für einen Gast gehört und freute mich für alle, die dabei waren, und natürlich für das Geburtstagskind. Heute wollte sie noch etwas über mich erfahren und fragte nach meiner Familie, meinem Wohnort und meinem Leben. Ich antwortete ihr auf alle Fragen. Herta war überrascht, als ich erzählte, dass ich lange auf verschiedenen Intensivstationen gearbeitet hatte und selber auch einmal schwer krank gewesen war. Ich hatte den Eindruck, sie war interessiert an meiner Geschichte, und erzählte dann wieder aus ihrem Leben, ihrer Familie und ihren Reisen.

Sie lief zu ihrem Kleiderschrank und holte einen Schuhkarton mit Ansichtskarten heraus. Wir stöberten ein bisschen darin herum und sie erzählte Geschichten zu den jeweiligen Karten. Wir hatten viel Spaß und ich erfuhr wieder vieles aus Hertas Leben. Besonders spannend war eine Geschichte aus ihrer Schulzeit: Bei einem Schülerausflug nach Spanien war ihre Klasse im Atelier von Pablo Picasso. Sie hatten ihn im Hinterzimmer arbeiten hören, ihn aber leider nicht gesehen. Eine Schulkollegin hatte dort einen kleinen bemalten Teller von ihm für 30 DM gekauft. Damals war das sehr viel Geld; heute war er sicher ein Vielfaches wert. Ich fand die Geschichte toll und freute mich, an den Erinnerungen von Herta teilhaben zu dürfen. Ich sollte mir ein paar Karten aussuchen, bot sie mir an. Ich redete mich etwas heraus, weil es mir unangenehm war, etwas von ihren Erinnerungen zu nehmen, und verabredete mit ihr, dass sie erst noch mehr zu den Karten erzählen müsste. Sie lachte. „Ja, das mache ich gerne!" Dann klappte sie entschlossen den Deckel auf die Kiste. Und dann war es auch schon Weihnachten.

Ich hatte mit dem Chorleiter unserer Kantorei, der Hospizleitung und natürlich den Sänger:innen vereinbart, dass wir am zweiten Advent ein kleines Konzert im Wohnzimmer geben wollten. Das kündigte ich bei allen Gäst:innen an und am Sonntag war es dann so weit. Fast 30 Sänger:innen hatten sich im Hospiz eingefunden und ich konnte es gar nicht fassen, dass sich so viele aufgemacht hatten, zumal ja die Adventszeit für alle Familienzeit ist. Ich bot einen kleinen Rundgang durchs Hospiz an, bei der wir im Wohnzimmer landeten und Aufstellung nahmen. Einige Gäst:innen saßen am großen Tisch – unter anderem auch Herta – und warteten gespannt. Bei denjenigen, die in ihren Zimmern blieben, wurde die Tür weit geöffnet, wenn sie es wollten. Das Pflegeteam, die Leiterin des Hospizes und einige andere Menschen wie Angehörige und sogar Kolleginnen, die gar keinen Dienst hatten, kamen noch dazu. Wir sangen etwas aus dem Mozart-Requiem, das wir gerade aufgeführt hatten, und dann fragte der Chorleiter nach Wünschen aus dem Publikum. Ich sah, dass bei fast allen Zuhörer:innen Tränen flossen, denn alle wussten, dass es für die meisten von ihnen das letzte Mal sein würde, dass sie Weihnachten feierten.

Im neuen Jahr traf ich Herta wieder. Sie lag im Bett und hatte eine Sauerstoffmaske auf. Als sie mich sah, riss sie sie sich gleich herunter und begrüßte mich lächelnd. „Wie schön, dass du wieder da bist. Ich wollte mich bedanken! Ihr habt so schön gesungen!“ Verlegen lächelnd bedankte ich mich und versprach, das Kompliment an alle Sänger:innen weiterzugeben. Ich deutete auf die Sauerstoffmaske und hob fragend die Augenbrauen. „Ja, die Luft wird knapp ... es geht mir schlechter.“ Das sagte sie ganz sachlich, aber ihre Stimme zitterte ein bisschen. Ich wechselte das Thema, indem ich mal wieder einen Bronzeengel aus meiner Tasche holte und ihn überreichte. Wie fast alle Gäst:innen war auch Herta sprachlos und bedankte sich nachdrücklich. „Ja, himmlischen Beistand kann ich brauchen.“ Bei meinen nächsten Besuchen sah ich, dass sie den Engel auf die Ablage an ihrem Rollator, den sie mittlerweile brauchte, gelegt hatte und ihn quasi immer mit sich herumfuhr. Wir gingen ins Wohnzimmer, um uns einen Tee zu kochen, und dort stand auch selbst gemachter Kuchen bereit. Hier muss niemand auf sein Gewicht achten, daher steht dort immer eine Leckerei, die bereit ist, verschmaust zu werden. Die Hauswirtschaftsfeen zaubern jeden Tag etwas Neues. Wir saßen an dem schönen Holztisch mit Tee und Kuchen und hätte ich es nicht besser gewusst, hätte es auch ein Treffen in einem Café sein können. Dann kam eine neue Pflegeschülerin mit einer Dame im Rollstuhl herein, die sich zu uns gesellten, und es ergab sich eine nette Plauderei. Herta genoss es sichtlich, beteiligte sich lebhaft am Gespräch, meldete sich dann aber nach einer Viertelstunde ab und ging langsam am Rollator über den langen Flur in ihr Zimmer zurück.

„Ich habe dich schon erwartet“, begrüßte mich Herta eine Woche später aus dem Ruhesessel heraus. Sie war dünner geworden, lachte mir aber herzlich entgegen. Dann deutete sie auf einen Stuhl, den ich mir heranzog. Auf dem Nachtschränkchen lag eine Geburtstagskarte. Als sie meinen Blick bemerkte, fragte sie: „Kannst du die Karte für mich schreiben? Sie ist für eine Freundin.“ „Na klar! Mache ich gerne.“ Und schon waren wir mittendrin. Auch das erlebe ich oft, dass sich Treffen nahtlos fortsetzen, auch wenn eine Woche oder mehr Tage dazwischen liegen. Ich ließ Herta unterschreiben und legte die Karte wie gewünscht auf den Nachtschrank. Dann unterhielten wir uns. „Ich werde bald gehen“, kündigte sie an. Ich war überrascht, denn eigentlich war sie stabil und es ging ihr ganz gut. Aber was wusste ich schon. Ich hatte mich hier schon oft mit meiner Prognose getäuscht und gelernt, dass die Menschen, die solche Sätze formulierten, sehr genau spürten, wie weit es noch war auf ihrem Lebensweg. „Na ja, vielleicht schaffe ich es noch bis zu meinem Geburtstag im Februar ...“ „Ja, das hoffe ich auch, denn ich würde gerne mit einem Glas Sekt mit dir anstoßen.“ Herta lachte. „Ja, das machen wir!“

Dann wechselte sie das Thema und nahm mich wieder mit auf die Reise durch ihr Leben. Wieder sprach sie von ihren Abenteuern rund um die Welt, von einer über 90-jährigen Freundin, die im Winter in einem Apartment neben ihrem auf Mallorca lebte, von ihren Kindern und Enkeln und von ihrer eigenen Kindheit. Dann unterbrach sie sich. „Ist das nicht langweilig für dich?" „Nein! Überhaupt nicht! Im Gegenteil! Ich bin dir sehr dankbar für dein Vertrauen und dass ich mit dir in deine Vergangenheit reisen darf!" Als ich mich nach knapp einer Stunde verabschiedete, schien Herta fast ein wenig enttäuscht, obwohl sie sagte, dass sie müde sei. „Ich komme nächsten Montag wieder", versprach ich ihr.

Hertas Zustand verschlechterte sich weiter. Als ich am nächsten Montag leise klopfte und um die Zimmerecke schaute, lag sie schlafend im Bett. Eine Sauerstoffmaske verdeckte wieder fast vollständig ihr Gesicht. Dass „die Luft knapp wird", hatte sie mir in der Woche zuvor ja schon gesagt. Dies schien sich weiter verschlechtert zu haben, und jetzt kamen mir auch Zweifel, ob ich tatsächlich noch das versprochene Glas Sekt mit ihr trinken würde.

Ich wurde am nächsten Montag mal wieder eines Besseren belehrt, denn von der diensthabenden Pflegefachkraft wurde ich informiert, dass Herta bereits auf mich wartete. Sie saß im Ruhesessel, tippte wie so oft an ihrem Handy herum und lachte mir fröhlich entgegen. „Wie schön, dass du kommst. Ich habe schon auf dich gewartet." Noch während ich mir einen Stuhl heranzog, begann Herta zu erzählen, wie schlecht es ihr ergangen sei letzte Woche, aber nun sei sie „zumindest vorläufig" erst einmal zurück. „Und das freut mich sehr", erklärte ich ihr. Dann plauderten wir über Mallorca, ihre Kinder und Enkelkinder und dass sie sich Sorgen um ihren Mann mache, sie aber nichts ändern könnte er müsse dann „einfach ohne sie klarkommen“. Ich musste schmunzeln, denn da hatte sie natürlich recht, und auch Herta kicherte. „Ja, is so!“, sagte sie ganz norddeutsch und nickte. Dann deutete sie auf den Bronzeengel, der auf ihrem Nachschrank lag. „Den habe ich immer bei mir – er ist erst ganz kalt und wird dann in meiner Hand ganz warm – als ob er lebendig ist. Das tröstet mich, wenn ich Angst habe.“ Danach sprachen wir über ihren Tod, dass sie alle Adressen vorbereitet habe, ihr Tafelsilber verschenken wolle und dass sie bereit sei, es aber noch bis zu ihrem Geburtstag in vier Wochen schaffen wolle. „Ja, da bin ich dabei“, versprach ich erneut und merkte, dass sie schnell müde wurde. Ich bedankte mich noch einmal für ihr Vertrauen und dass sie mich mitgenommen hatte bei der Reise durch ihr Leben. Sie würde sehr in meiner Erinnerung bleiben. Das freute sie sichtlich und wir verabredeten uns wieder für den nächsten Montag.

„Herta verabschiedet sich. Die Angehörigen sind schon da“, begrüßte mich die Pflegefachkraft am nächsten Montag. Es war also so weit. „Darf ich mich auch verabschieden?“ „Na klar, geh ruhig rein.“ Ich war traurig, stand am Fußende des Bettes. Herta war nicht mehr ansprechbar. Ihr Leben würde hier und jetzt enden und das Glas Sekt zu ihrem Geburtstag würde ich allein trinken müssen.

Johann

Er war schon seit einigen Monaten hier im Hospiz und wir sind uns immer mal wieder im Flur, bei Festen oder im Wohnzimmer begegnet. Johann war ein älterer Herr, an die 80 Jahre, und hatte immer ein freundliches Lächeln auf den Lippen. Ich hatte nie Besuch bei ihm gesehen, aber er hatte Kinder und Enkelkinder in Süddeutschland – das erfuhr ich jedoch erst später. Ich wurde von eine Pflegefachkraft gebeten, bei ihm vorbeizuschauen: er wolle eine Karte nach Amerika schreiben und würde sich sicher über Abwechslung freuen. Also tat ich, wie mir geheißen, klopfte und trat dann leise ein. Johann lag angezogen auf dem Bett und riss die Augen auf, als ich um die Ecke schaute. Er hatte mich also gehört. Ich stellte mich vor und er nickte erkennend. „Ja, ich weiß … Sie kommen, um mich beim Schreiben zu unterstützen."

Ein kratziges Lachen war zu hören und ich freute mich, diesem netten älteren Herrn helfen zu dürfen. Ich sagte, man habe mich informiert, er wolle eine Karte nach Amerika schreiben wollte und ob er denn gut Englisch könne, denn meines sei eher „mäßig". Er lachte. „Meines auch, aber wenn wir beides zusammenschmeißen, wird es sicher reichen." Mich beeindruckte sein Zweckoptimismus, ich ließ mich gerne anstecken von seiner guten Laune und legte – im Wortsinn – alle Karten auf den Tisch. „Nee, nee, keine Weihnachtskarte, etwas Neutrales!" Er wählte eine Blumenkarte und wir radebrechten zusammen einen kurzen Gruß und die unkommentierte Info, dass er im Hospiz sei. Dann suchte er eine Adresse aus seinem Büchlein heraus, die ich auf den Umschlag schrieb. Irgendwo in Florida. Johann war sich nicht sicher, ob sein Freund überhaupt noch lebte, und wenn ja, ob er noch in Florida war. Ich versprach, zu Haus ausführlich im Internet zu recherchieren und die Karte noch am selben Tag zur Post zu bringen, was ich auch direkt danach tat. Ich erkundigte mich bei der netten Postdame eingehend, wie lange der Brief in die USA brauchen würde und ob man verfolgen könne, ob er ankam. Ich wünschte mir, dass Johann wenigstens diese Gewissheit hätte, denn er machte sich viele Gedanken, weil er seit über 30 Jahren nichts mehr von seinem Freund gehört hatte.

Sie waren in den 1960er- und 1970er-Jahren viel mit ihren Familien zusammen gereist. Skifahren in der Schweiz, Besuche in England und Deutschland – und nein, in den USA sei er nie gewesen. „Wir haben uns dann aus den Augen verloren." Die jüngste Tochter seines Freundes sei gestorben und dann war der Kontakt irgendwie abgerissen. Ich schickte den Brief per Einschreiben, sodass ich seinen Weg bis ins Flugzeug anhand der Sendungsnummer verfolgen konnte. Am nächsten Montag berichtete ich Johann davon und er bedankte sich 1000-mal für meine Hilfe. Inzwischen hatte ich nach intensiver Internetrecherche bei Google Maps das Haus dieser Adresse ausfindig gemacht, ein Foto davon ausgedruckt und ins Hospiz mitgenommen. In einem Buchgeschäft vor Ort hatte ich einen Florida-Reiseführer gekauft, mit dem Johann in Gedanken reisen konnte. Über das Internet hatte ich recherchiert, dass auch die zweite Tochter verstorben war und die Ehefrau von Johanns

Freund ebenfalls nicht mehr lebte – es war ein bisschen gruselig, was man dort alles herausfinden konnte. Als ich ihm das erzählte, lief eine Träne über sein runzeliges Gesicht. Schnell wischte er sie weg. Es war ihm unangenehm, und ich tat so, als hätte ich es nicht bemerkt, und plauderte einfach munter weiter. „Wir sind zwei Detektive. Was wir jetzt schon alles in Erfahrung gebracht haben … gestern ist der Brief ins Flugzeug verladen worden. Ab jetzt kann ich leider nicht mehr sehen, wo er ist. Ich bin so gespannt, ob du eine Nachricht bekommst. Falls er nicht mehr dort wohnt, wird der Brief vielleicht weitergeleitet oder er kommt zurück, dann wissen wir wenigstens etwas."

Ich redete die ganze Zeit, denn mich hatte diese Suche richtig in den Bann gezogen, so sehr, dass ich schon davon geträumt hatte. Das kam sonst praktisch nie vor. Wir blätterten in dem Reiseführer und fanden die Stadt, in der sein Freund lebte oder zumindest mal gelebt hatte. Johann bereitete es ebenfalls sichtlich Freude, und wir verabredeten uns für den nächsten Montag. Als ich das Zimmer betrat, sah ich, dass ein großer Luftballon in Form einer „1" an der Zimmerdecke schwebte. Ein riesiges Pappschild mit Fotos des gesamten Pflegeteams und von Johann lehnte an einem Sessel. Von der Kollegin wusste ich, dass Johann gestern genau ein Jahr im Hospiz war. Eine Seltenheit. Ich überlegte, ob ich dazu gratulieren sollte, fragte Johann aber stattdessen, ob er ein bisschen gefeiert hatte. Er lachte und erzählte, dass er einen tollen Tag gehabt und es sogar Sekt gegeben habe! Ich freute mich, dass er sich so freute, und gleich danach waren wir wieder auf der Reise durch Florida. Er hatte den Brief bisher nicht zurückbekommen, was wir beide als gutes Zeichen werteten.

In dieser Woche war wieder Erinnerungs-Gottesdienst, und ich durfte ihn mitgestalten. Für jede:n verstorbene:n Gäst:in wurde ein individueller Stein bemalt, jeder Name mit Todesdatum wurde verlesen und viele Angehörige waren gekommen. Es war ein sehr emotionaler, aber dennoch schöner Gottesdienst, den eine hiesige Pastorin sehr persönlich und einfühlsam mit dem Team des Hospizes zelebrierte. Natürlich durfte der Hauspsalm des Hospizes nicht fehlen: „Der Herr ist mein Hirte."

Johann blickte sich um, als ich sein Zimmer betrat, und noch bevor ich Hallo sagen konnte, begrüßte er mich mit einem schiefen Grinsen und einem: „Nein, es ist noch keine Antwort aus den USA eingetroffen." Ich lächelte ebenfalls und versuchte, mir meine Enttäuschung nicht anmerken zu lassen. Entgegen meiner extrem schlecht ausgeprägten Geduld sagte ich ganz unschuldig: „Na ja, wir müssen eben Geduld haben ..." und musste dabei laut lachen. Johann stimmte ein, denn er ahnte wohl, dass Geduld nicht unbedingt eine Stärke von mir war. Wir unterhielten uns noch kurz, träumten uns nach Florida, wo wir einen Cocktail mit Schirmchen tranken, bevor ich mich verabschiedete. Er winkte mir nach und rief: „Noch mal danke für alles!" Am darauffolgenden Montag traf ich Johann nur schlafend an. Seine Kräfte ließen sehr nach, erfuhr ich. Ich war immer dankbar für die Updates, denn so konnte ich mich etwas besser auf die Situation bei meinen Besuchen einstellen.

Einen Tag später erhielt ich ein Foto über WhatsApp von der Hospizleitung. Ein Briefumschlag mit Johanns Namen und einer Briefmarke aus den USA! Ich war begeistert und lief jubelnd los, um sofort im Hospiz anzurufen. Ich erfuhr, dass der Brief am Spätnachmittag angekommen war und die Pflegefachkraft fragte, ob ich bei der Übergabe an Johann dabei sein wollte. Ich bat sie, den Brief sofort zu übergeben, und ich würde am nächsten Morgen kommen, um Johann zu besuchen, da ich an diesem Tag noch einen Termin hatte. Eine halbe Stunde später erreichte mich eine Sprachnachricht, dass der Brief aus den USA an Johann übergeben worden war, er sich riesig gefreut hatte, aber den Brief erst am nächsten Morgen in meinem Beisein öffnen wollte. Ich war fassungslos und jetzt rollten bei mir ein paar Tränen. Was für eine schöne Weihnachtsgeschichte!

Am nächsten Morgen war ich eine halbe Stunde früher als verabredet im Hospiz und lief zügig zu Johann ins Wohnzimmer, der sich mir lachend zuwandte und mir zurief, dass der Brief in seinem Zimmer liege, ich solle ihn doch bitte holen. Ich bemühte mich, nicht zu rennen, denn ich war etwas nervös, da ich ja nicht wusste, ob es gute Nachrichten waren. Ich setzte mich mit dem Brief neben Johann und er bedeutete mir, ihn zu öffnen, was ich sehr vorsichtig mit einem Messer tat. Es fielen uns gleich mehrere Fotos entgegen, die anhand der Farben und Motive eindeutig vom Ende der 1960er, Anfang der 1970er-Jahre stammten, was unter anderem ein kreischgelber VW Käfer und die Mode unterstrich, die die Menschen auf den Fotos trugen. Eine ganze handschriftliche Seite in Englisch wartete darauf, gelesen zu werden. Satz für Satz las ich vor und Johann und ich übersetzten gemeinsam den Inhalt, was uns erstaunlich gut gelang. Dann betrachteten wir die Fotos und Johann erzählte die Begebenheiten dazu. Auch er freute sich sehr, hatte aber im Gegensatz zu mir „die Ruhe weg“. Fast zwei Stunden waren wir beschäftigt, und Johann fragte, ob ich ihm helfen würde, den Brief zu beantworten. „Na klar – auf jedem Fall“, versprach ich.

Das fand dann allerdings erst drei Wochen später statt. Als ich dann Anfang Januar meinen ersten Besuch machte, saß Johann an seinem Stammplatz im Wohnzimmer und winkte schon lachend von Weitem. Ja, ja, wir hätten uns lange nicht gesehen und ja, er wolle gerne eine Antwort auf den Brief aus Amerika schreiben. Er suchte eine schöne Karte aus, bat mich, den Text vorher auf einen Zettel zur Prüfung zu schreiben und nein, er wollte dieses Mal in Deutsch schreiben. Es wurde wieder ein sehr kurzer, aber herzlicher Gruß, den ich fein säuberlich auf die ausgewählte Karte übertrug. Als Johann noch einmal las, was ich aufgeschrieben hatte, fand er prompt einen Rechtschreibfehler – ich hatte einen Buchstaben vergessen – und bat um den Stift. Er schrieb noch etwas in krakeliger Schrift dazu und fragte, was „Umarmungen" auf Englisch heißt. „Lots of hugs", soufflierte ich und das schrieb er auch so auf. Ich versprach, die Karte direkt zur Post zu bringen. Johann bedankte sich sehr herzlich, rappelte sich hoch und schob seinen Rollator in sein Zimmer, da er sehr müde war. Ich sah dem gebeugten alten Mann nach und atmete tief ein und aus.

Am nächsten Montag traf ich ihn nur schlafend an, aber am darauffolgenden Montag lag er wach auf seinem Bett, schaute fern und hatte ein Baseballcap auf. Er begrüßte mich herzlich und ich erzählte gleich, dass laut Sendungsverfolgung der Brief mittlerweile in Florida angekommen sein müsste. Das freute ihn sichtlich und er überlegte, dass es sicher dauern würde, bis eine Antwort eintreffen würde. „Ich bekomme Besuch aus Süddeutschland. Darauf freue ich mich!" „Ja, es sind ja nur noch neun Tage bis dahin! Das wird sicher schön." Er strahlte und nickte. Dann wandte er sich wieder dem Fernseher zu und ich merkte, dass er jetzt keine weiteren Gespräche wünschte. Das hatte ich zu respektieren und so verabschiedete mich. „Ich lass es dich wissen, wenn ein Brief aus den USA kommt", rief er mir noch hinterher und ich lachte und machte eine „Daumen hoch"-Geste und schloss leise die Tür.

Beim nächsten Besuch traf ich Johann wieder im Wohnzimmer auf seinem Stammplatz am Ende des Tisches an. Er lachte mir entgegen und deutete auf den Stuhl neben sich, den ich mir gleich weiter heranzog. Als ich ihn nach seinem Befinden fragte, erzählte er, dass er heute mit einer ehrenamtlichen Kollegin beim Zahnarzt gewesen war und dass es ganz schrecklich war und er gar nicht zufrieden sei. So grummelig kannte ich ihn gar nicht, aber dann tippte er sich an den Kopf und sagte, er sei heute ganz durcheinander. Nun wusste ich, dass sein Besuch am Wochenende kommen sollte, und mutmaßte, dass ihn das nervös machte, obwohl er sich sehr darauf freute. „Es gibt einiges zu besprechen", erklärt er dann auch gleich. Ich fragte nicht weiter nach, aber ich konnte mir denken, dass es um seinen Nachlass ging, und das ging mich nun wirklich nichts an, es sei denn, er wollte darüber reden – was er nicht tat. Also versuchte ich, möglichst elegant das Thema zu wechseln. Und so plauderten wir noch eine Weile über Alltägliches – was es hier niemals war, da hier alle Tage kostbar und „abgezählt" sind. Johann war sehr dankbar für ein bisschen Ablenkung und wir sprachen wieder über Florida und hofften beide, dass bald eine Antwort kommen würde.

Für den nächsten Montag hatte ich mich wegen eines familiären Termins abgemeldet, der Diensthabenden aber gesagt, dass ich dafür am Donnerstag kommen würde. Gesagt – getan. Ich wurde am Donnerstag wie immer sehr herzlich begrüßt und einige Kolleginnen machten sich auf den Weg, um ein Krematorium zu besichtigen. Es war eine Art Fortbildung, da manche

Gäst:innen Fragen zu ihrer Bestattung hatten. Für einen kurzen Moment überlegte ich mitzufahren, entschied mich aber dagegen, da ich heute für die Lebenden da sein wollte. Dass das genau die richtige Entscheidung gewesen war, wurde klar, als ich hörte, dass es Johann deutlich schlechter ging, er fast nur schlief und nicht mehr vollständig orientiert war. Zudem hatte er sich beklagt, dass ich ihn Montag nicht besucht hatte. Er hatte vergessen, dass ich mich mit „bis Donnerstag“ verabschiedet hatte. Die Pflegefachkraft hatte das Missverständnis gleich aufgeklärt und nun wartete Johann schon auf meinen Besuch.

Sofort nach meinem Klopfen tönte ein lautes „Herein“ und ein strahlender Johann lag auf seinem Bett und winkte mich heran. Er war noch dünner geworden, wenn das überhaupt möglich war, und wie zum Beweis deutete er als Erstes auf seinen Gürtel, der nun zwei neue Löcher hatte, weil sonst die Hose rutschte. Er hätte einen „Erstickungsanfall“ gehabt, eine Spritze bekommen und dann sei es besser geworden, wahrscheinlich, weil der Gürtel zu eng war. Ich ließ diese Mutmaßung unkommentiert, freute mich aber, dass es ihm wieder besser ging. Dann plauderten wir über seine Frau, die seit 15 Jahren tot war, seinen Dackel, den er als Jagdhund ausgebildet hatte, und über sein Haus, seinen neuen Wecker und über alles, was im Hospiz so passierte: ein kleines Konzert, verstorbene Gäst:innen und die tollen Pflegefachkräfte. Zwischendurch kamen Sätze von Johann, die weder zur Zeit noch zum Inhalt des Gespräches passten – Hypoxie, mutmaßte ich, überging es aber geflissentlich und nach über einer Stunde fragte er, ob ich nächste Woche Montag wiederkommen würde. „Ja, Johann – nächsten Montag komme ich sehr gerne wieder zu dir.“ Er lächelte etwas gequält, zwinkerte und nickte dann. Ich ging schnell aus dem Zimmer und winkte, um ihn in dem Glauben zu lassen, dass ich seine

Tränen nicht gesehen hatte, denn das wäre ihm sicher unangenehm gewesen.

Eine Stunde für mich war anders als eine Stunde für Johann. So lange dauerte der Besuch am nächsten Montag. Er saß wie so oft im Wohnzimmer an seinem Stammplatz und lachte, als ich an den Tisch herantrat. Sein Gesicht wirkte eingefallen und seine ersten Sätze ergaben wenig Sinn. Ich war etwas geschockt, ließ mir aber nichts anmerken. Als ich mich gesetzt hatte, kam er aber so langsam thematisch in der Realität an und berichtete, dass er noch nichts aus Amerika gehört hätte. Dann redeten wir über VW Käfer, Wurstbrote, das Hospiz, das Wetter und wieder über seinen neuen Wecker. Ich hatte das Gefühl, dass das Thema „Zeit" ihn gerade sehr beschäftigte.

Johann wechselte dann aber schnell das Thema, doch alles, was er jetzt sagte, passte zusammen. Wir lachten und grübelten über die Vergangenheit – die Zukunft kam in diesem Gespräch nicht vor. Eine Stunde Lebenszeit hatte Johann verschenkt. Wie kostbar. „Bis nächsten Montag", sagte ich zum Abschied, doch da traf ich ihn nur schlafend an. Ein Brief aus Amerika ist nicht mehr angekommen ...

Klara

Eine Gästin, die ich schon einige Monate begleitete, und ich saßen im Wohnzimmer, aßen Kuchen und tranken einen Tee. Eine junge Frau – eine Angehörige – gesellte sich kurz zu uns und erzählte von ihrem Vater, dem es schlechter ging. Ich kannte beide nicht, stellte mich aber trotzdem kurz vor. Wir kamen ins Plaudern. Hier im Hospiz geht es immer sehr schnell, miteinander in Kontakt zu kommen, was schön ist. Ich habe mich schon oft gefragt, ob es daran liegt, dass Zeit hier eine andere Bedeutung hat.

Eine Krankenpflegeschülerin kam herein. Sie war an ihrer Dienstkleidung erkennbar, denn alle anderen tragen hier „zivil“. Sie schob einen Rollstuhl, in dem eine ältere Dame sehr gerade saß und mit den erkennbar blinden, trüben Augen lächelnd in die Richtung „schaute“, aus der unsere Stimmen kamen.

Die sehr junge Frau schob den Rollstuhl an den Tisch, fragte die ältere Dame, was sie wollte, und organisierte einen Kaffee und einen Kuchen für sie. Dann setzte sie sich zu uns. Schnell entspann sich ein Gespräch zwischen uns vieren. Ein Gespräch der Generationen, wenn man so will. Die Gästin, mit der ich da war, war Anfang 70, ich bin Ende 50, die Auszubildende Anfang 20 und die blinde Dame war – wie sie mit hörbarem Stolz verkündete – 96 Jahre alt! Es ist ein viel bemühter Spruch, aber hier stimmte er zu 100 Prozent: Das war ihr wirklich nicht anzusehen. Als ich ihr das sagte, freute sie sich sichtlich und verstrickte uns alle in ein anregendes Gespräch. Ich erzählte kurz, dass ich jeden Montag da war, und sie fragte sogleich, ob ich sie denn nächsten Montag auch einmal besuchen würde. Das sagte ich ihr natürlich sehr gern sofort zu. Sie machte mir einen recht fitten Eindruck, sodass ich eine realistische Chance sah, sie tatsächlich auch am nächsten Montag zu treffen, aber hier wusste man ja nie.

Am nächsten Montag fragte ich gleich nach Klara, aber die Pflegefachkraft winkte ab. „Es geht ihr seit ein paar Tagen sehr schlecht. Wir wollten schon die Tochter anrufen, aber das möchte sie nicht.“ Damit hatte ich nicht gerechnet, obwohl ich es ja mittlerweile besser wissen müsste. Manchmal gehen hier dramatische Veränderungen sehr schnell.

Ich bedankte mich für die Info. Etwas später, als ich bei einer anderen Gästin war, winkte mich eine Pflegefachkraft aus dem Zimmer: Sie müsse mich kurz sprechen. Ob ich mich nachher zu Klara setzen könnte – sie würde sich wohl bald verabschieden. Im Krankenhaus hätte man „präfinal“ gesagt, aber hier war der Tod ja sowieso ein fast alltäglicher Gast. Wie relativ das ist, sehen wir daran, dass mache Gäste manchmal monatelang hier leben.

Als ich den ersten Besuch beendet hatte, ging ich direkt in das Zimmer von Klara. Die Tochter war jetzt doch angerufen worden, aber Klara mochte nicht so lange allein sein. Als ich zu Klara ins Zimmer trat, nickte mir die Pflegefachkraft, die im Sessel neben Klara saß, dankbar zu und verließ den Raum. Es war an diesem Tag viel zu tun, denn eine Neuaufnahme war angekündigt und einem anderen Gast ging es auch schlechter. Aber selbst dann nahmen sich alle Zeit, bei einer sterbenden Frau am Bett zu sitzen. Ich wünschte mir – wie schon oft –, das wäre in Krankenhäusern und Pflegeheimen auch möglich, wohl wissend, dass es aufgrund von weiter steigendem Fachkräftemangel dort sicher nicht besser werden konnte. Viele der hier arbeitenden Pflegefachkräfte hatten im Krankenhaus oder Pflegeheim gearbeitet und sich bewusst für einen Wechsel hierher entschieden, weil sie hier mehr Zeit für die Gäst:innen haben als in den anderen Institutionen.

Wir tauschten also den Platz, und ich berührte Klara sanft am Arm und sagte, dass ich jetzt bei ihr bleiben würde, bis die Tochter komme. Sie riss die Augen auf und antwortete überraschend laut und deutlich: „Oh, das ist gut! Danke! Ich möchte nicht alleine sein!“ „Ich bleibe hier, bis Ihre Tochter kommt“, versprach ich erneut und fragte, ob sie etwas trinken mochte. Ich bin froh über meine langjährige Erfahrung in der Krankenpflege, denn so kann ich einige Handgriffe selber ausführen. Dankbar nahm Klara zwei Schlucke, ruckelte sich in ihrer Position etwas zurecht und schloss ihre Augen. Ich setzte mich auch wieder hin und legte meine Hand auf ihren Arm, sodass sie meine Anwesenheit spürte und keine Angst mehr vor dem Alleinsein hatte. Es war eine stille Sitzwache. Die meiste Zeit schlief sie und ich beobachtete ihre Atmung, die schon sehr lange Pausen hatte, ein Zeichen, dass sie zunehmend CO_2 aufbaute, was ihr Bewusstsein weiter trüben würde. Sie hatte nicht das klassische Rasseln der Atmung. Ich überlegte, ob ich ein Vaterunser anbieten sollte, ließ es aber, da ich nicht wusste, ob sie das irritieren würde, und so sprach ich es nur in Gedanken.

Es fielen nicht mehr viele Worte. Ich wusste nichts über Klara, ihr Leben, Ihr Glück oder Tragödien, ihre Vorlieben, ihre Familie oder ihre Erkrankung. Ich fragte mich aber, was sie wohl alles in ihrem langen Leben „erlebt" hatte. Immerhin konnte sie fast ein Jahrhundert an Lebenserfahrung vorweisen. Ich hätte gerne mehr über ihre Erlebnisse erfahren, aber diese Chance würde es wohl nicht mehr geben. Nach etwa einer halben Stunde hörte ich auf dem Flur schnelle Schritte, dann öffnete sich die Zimmertür. Eine Frau in meinem Alter schaute mich überrascht an, und ich erklärte ihr schnell, wer ich war, und dass ich so lange Sitzwache gehalten hätte, bis sie da war. Die Tochter bedankte sich herzlich und begrüßte dann liebevoll ihre Mutter. Ich verabschiedete mich von Klara, die sich ebenfalls noch einmal sehr klar und deutlich bedankte. Dann schloss ich ein letztes Mal ihre Zimmertür, denn am nächsten Montag stand ihr Name in dem Erinnerungsbuch.

Paula

Sie war schon seit fast einem Jahr hier. Wir kannten uns gut. Einige Monate lang habe ich sie regelmäßig besucht. Dann hat Paula sich sehr zurückgezogen, ihr Zimmer kaum noch verlassen und sich nur mit ihrer Familie getroffen. Wir hatten uns dann oft aus der Entfernung zugewunken. Meistens hatte sie den Kopf geschüttelt, wenn ich trotzdem ab und zu bei ihr vorbeigeschaut habe. Es ist ihr gutes Recht, wenn sich die Gäst:innen zurückziehen und sich auf sich und ihre Lieben fokussieren, denn oft reichen die Kräfte nicht für andere Besuche. Das hatte ich zu respektieren. Umso mehr freute es mich, als eine Schwester fragte, ob ich nicht mal wieder bei Paula vorbeischauen könnte. Es gehe ihr gut und sie würde sich sicher freuen.

Als ich meinen Kopf vorsichtig durch den Türspalt steckte, lachte Paula mir aus dem Rollstuhl entgegen, winkte mich heran und rief: „Hey, Corinna, schön dich zu sehen, komm doch rein." Das machte ich natürlich sehr gerne und zog mir gleich einen Stuhl heran. „Gut siehst du aus, Paula", rutschte es mir heraus. Sie trug ihre Haare kürzer, die Hände waren nicht mehr so geschwollen und ihre Haut nicht mehr so gelb. Sie freute sich sichtlich über das Kompliment. Dann erzählte sie von ihren letzten Monaten, von anderen Gäst:innen, die bereits verstorben waren, von unserem Weihnachtssingen und wie gut ihr das gefallen hatte. „Bei den Liedern sind so viele Erinnerungen wieder hochgekommen. Das war schön, aber es hat auch ein bisschen traurig gemacht." Dann wechselte sie das Thema und deutete auf ihr Strickzeug. „Ich trage nur selbst gestrickte Socken. Das tut meinen Füßen gut. Kannst du auch stricken?"

Inzwischen störte es mich nicht mehr, wenn die Gäst:innen auch etwas von mir erfahren wollten. Und so fachsimpelten wir eine Weile über Wolle, Stricken, Socken und Fehler, die man (nicht nur dabei) macht. „Ich finde es nicht schlimm, wenn man die Fehler sieht. Jeder schlägt doch mal eine falsche Masche an", meinte sie. Dann lächelte sie und ich genauso, denn wir wussten beide, dass sie nicht wirklich ihr Strickzeug meinte. „Ich muss dir noch etwas beichten, Corinna", wechselte sie dann abrupt das Thema. „Du hast mir doch diesen schönen Bronzeengel geschenkt ..." „Ja, ich erinnere mich. Was gibt es denn da zu beichten? Jetzt bin ich aber gespannt." „Er stand immer auf meinem Nachtschrank und jedes Mal, wenn meine Enkelin da war, hat sie ihn ständig herumgetragen. Sie fand ihn so schön, und eines Tages habe ich ihr den Engel mit nach Hause gegeben. Er steht jetzt auf ihrem Nachtschrank und bewacht ihren Schlaf!"

Ich war gerührt über ihre Offenheit und bekam ein bisschen Gänsehaut, denn als ich meine Sachen fürs Hospiz gepackt hatte, hatte ich noch überlegt, ob ich mal wieder einen Bronzeengel einpacken sollte. Ich wollte es eigentlich lassen, da ich in den letzten Wochen schon einige davon verschenkt hatte und alle mit „himmlischen Beistand" ausgestattet waren. Ich hatte trotz dieser Überlegungen einen Engel eingepackt. Genau das erzählte ich Paula, kramte in meiner Tasche und zog einen glänzend neuen Engel heraus. Ihr liefen Tränen über die Wangen und sie umschloss ihn sofort fest in ihrer Faust. „Na, siehst du, so wacht nun ein Engel über deine kleine Enkelin und dieser hier über dich. Und du musst da gar nichts beichten, denn genau so ist das mit Engeln: Sie kommen immer dann zu denen, die sie gerade brauchen."

Ich ahnte nicht, wie recht ich mit dieser Aussage behalten sollte. Denn nur ein paar Tage später erreichte mich ein Anruf aus dem Hospiz, Paula mache sich überraschend auf den Weg. Ihre Familie sei schon bei ihr, um sich zu verabschieden – und ich fragte mich, ob sie auf den neuen Engel gewartet hatte.

Statt eines Schlussworts

„Das könnte ich nicht …“

Diesen Satz höre ich oft. „Was könntest du nicht?“, frage ich dann etwas provokativ. Gemeint ist natürlich, dort im Hospiz zu arbeiten. Ich empfinde es nicht als etwas Schweres oder Anstrengendes, sondern als Privileg und Geschenk. Und ja, ich kann verstehen, dass das nicht jedermanns Sache ist, und das ist völlig in Ordnung.

Das Anliegen dieser Geschichten ist es zum einen, die besonderen Menschen zu würdigen, die mir gestattet haben, sie ein kleines Stück auf ihrem Weg zu begleiten. Natürlich auch die, die ich nicht oder nur kurz kennengelernt habe. Zum anderen habe ich versucht, einen Raum zu beschreiben, in dem keiner alleingelassen wird. Weder Gäst:innen, noch Zugehörige oder Mitarbeitende. Die Angst, in ein „Sterbehaus“ zu gehen, ist verständlich, denn Sterben ist etwas, was wir nicht üben können.

Die allermeisten Geburten finden im klinischen Bereich statt. Einige aber auch zu Hause. Beim Sterben ist es ähnlich, dennoch würde ich nicht von einer „Institutionalisierung des Todes“ sprechen, sondern vom „Flankieren“. Gestorben wird zu Hause, im Pflegeheim, in der Klinik oder eben im Hospiz. Der Tod ist also so oder so präsent. Oftmals ist eine Begleitung zu Hause aus verschiedenen Gründen nicht möglich, obwohl sich sehr viele Menschen wünschen, im häuslichen Umfeld zu sterben. Flankiert und begleitet wird das Sterben von Menschen, die sich intensiv mit der Thematik auseinandergesetzt haben, fachlich qualifiziert sind und menschlich über ein hohes Maß an Empathie und Zugewandtheit verfügen.

Es wäre wünschenswert, wenn auch in Pflegeheimen und Krankenhäusern mehr Menschen tätig wären, um mehr Zeit für die Begleitung von Sterbenden zu haben. Und nein, natürlich muss das nicht jeder können oder tun! Ich kann auch keine Talsperre bauen oder Steuerberatungen anbieten. Im Hospiz werden regelmäßig Fortbildungen und Qualifizierungsmaßnahmen angeboten. Teambesprechungen und Supervisionen sind ebenfalls selbstverständlich. Ich denke, die Gäst:innen spüren, dass die Atmosphäre im Hospiz geprägt ist von hoher Fachlichkeit, Menschlichkeit, Herzlichkeit und Zugewandtheit. Jeder und jede findet Beachtung und Unterstützung, wenn es gewünscht ist. Emotionen muss man nicht allein aushalten, wenn man das nicht möchte. Und das gilt nicht nur für die Gäst:innen und deren Zugehörige, sondern auch für alle Menschen, die dort haupt- oder ehrenamtlich tätig sind.

Ich bin dankbar für das (Zugehörigkeits-)Gefühl, Teil des Ehrenamtteams zu sein, und dankbar, vom Pflegeteam unterstützt und wertgeschätzt zu werden. Immer kann ich mich an die Pflegefachkräfte wenden, wenn ich Informationen, Unterstützung oder jemanden zum Zuhören brauche.

Ich bin dankbar für die Möglichkeit, bei jedem Besuch Überraschungen zu erleben.

Ich bin dankbar für das Lachen und Weinen, was hier beides immer möglich ist.

Ich bin dankbar für die Feste, die hier „gefeiert werden, wie sie fallen".

Besonders dankbar bin ich für die Lebensgeschichten bzw. die Reise durch das Leben der Erzählenden, die ich hören durfte, und für das Vertrauen, welches mir damit von so vielen Gäst:innen entgegengebracht wurde.

Ich habe weit mehr Menschen und Geschichten im Hospiz in den letzten drei Jahren erlebt bzw. gehört. Nicht alle haben einen Platz hier in diesem Buch gefunden. Das heißt nicht, dass sie weniger erzählenswert gewesen wären, aber wie das Leben hat auch dieses Buch eine (vorläufige) Begrenzung. Ich bin sicher: Für beides gibt es ein Danach.

Bleiben Sie behütet!

Corinna Kohröde-Warnken

Ehrenamtliche im Hospiz zum Guten Hirten,
Rotenburg / Wümme,
im April 2024

Für kleine Auszeiten – authentisch und voller Wärme

Katharina Weck hat die Gabe, kleine Alltagsschätze nicht zu übersehen und das Schöne im Hässlichen zu finden. Diese Fähigkeit hat sie gerettet, als ihr damals fünfjähriger Sohn schwer erkrankte. Sie lernte, Zufriedenheit in kleinen Augenblicken zu finden und nicht zu verbittern, um für ihre Familie ein weiches Herz zu behalten. Katharina lädt Leserinnen und Leser ein, sich einen Moment Zeit für sich selbst zu nehmen und neu Kraft zu tanken. Ihre seelenwärmenden Texte erzählen vom Familienalltag und von kleinen und kleinsten Alltagsfreuden, lassen einen schmunzeln oder befreit aufatmen. Sie sind ein ehrlicher Blick auf das, was wir wirklich brauchen. Ganz nebenbei erfahren wir, wie es gelingt, auch trotz vieler Sorgen glücklich zu sein, und wie Nächstenliebe dabei hilft, zufriedener im Alltag zu werden.

Katharina Weck
Jenseits meiner Grenzen der weite Horizont
Momente zum Innehalten und Kraftschöpfen

gebunden,
mit Lesebändchen,
176 Seiten,
ISBN 978-3-7615-6820-0